생각 3.0⁺ 플러스

생각 3.0⁺ 플러스

초판 1쇄 발행 2015년 4월 10일

지은이 노경원
발행인 홍경숙
발행처 위너스북

경영총괄 안경찬
기획편집 박현진, 노영지

책임편집 박현진
표지디자인 썸앤준
본문디자인 디자인 잔
제지 한솔PNS(주)
인쇄 영신문화사

출판등록 2008년 5월 2일 제310-2008-20호
주소 서울 마포구 합정동 370-9 벤처빌딩 207호
주문전화 02-325-8901
팩스 02-325-8902

ISBN 978-89-94747-37-8 (03320)

이 도서의 국립중앙도서관 출판예정도서목록(CIP)은 서지정보유통지원시스템 홈페이지(http://seoji.nl.go.kr)와 국가자료공동목록시스템(http://www.nl.go.kr/kolisnet)에서 이용하실 수 있습니다.(CIP제어번호: CIP2015008689)

위너스북에서는 출판을 원하시는 분, 좋은 출판 아이디어를 갖고 계신 분들의 문의를 기다리고 있습니다.
winnersbook@naver.com | tel 02) 325-8901

스마트폴 뛰어넘어 크리에이티브로 가는 생각의 도구

생각 3.0 + 플러스

노경원 지음

Winner's Record Library 위너스북
WINNER'S BOOK

처음 《생각 3.0》을 집필할 때 '나를 위한 책'을 쓰겠다는 마음이었다. 이후 5년여 만에 개정 작업을 하면서 '책을 쓴 이후 나의 창의성은 얼마나 자랐는가'에 대해 많이 생각했다. 그리고 스스로 돌아보기에 창의적으로 변했다고 생각하게 되었다. 많은 사람들로부터 그렇게 인정을 받기도 했다. 물론 아직도 많이 부족하고, 앞으로도 지속적으로 창의성을 키워야겠다고 생각한다.

책을 쓰고 나서 나에게 생긴 가장 큰 변화는 새로운 것을 좋아하게 되었다는 점이다. 새로운 사람을 만날 기회, 새로운 것을 보거나 들을 수 있는 기회, 새로운 곳에서 발표할 기회 등 무엇이든지 새로운 경험을 할 수 있는 기회가 주어지면 피하지 않고 즐겼다. 이러한 자세가 창의성을 발휘하기 위한 기초체력을 더 키워주었을 것이다.

좋은 기회도 많았다. 빌 게이츠, 크리스 앤더슨, 이어령과 같은 국내외 대가들을 개인적으로 만날 수 있었고, 새로운 아이디어를 가지고 스타트업에 도전하거나 벤처 창업을 하는 많은 이들을 만나서 배우기도 했다. 또한 새로운 것들을 배우기 위해서 낯선 곳으로 떠나는 일도 마다하지 않았다.

창의성이 중요하지 않은 시대는 없었다. 하지만 지난 몇 년 동안 더 많은 사람들이 창의성이 중요하다고 인식하게 되었다. 정부에서도 창조경제를 강조하고, 미래 직업 예측에서도 창의성이 중요한 영역의 직업이 중요해질 것으로 나타났다. 앞으로 창의성은 더 중요해질 것이다. 자신을 훈련시키고, 자녀를 교육시키는 데 있어서도 가장 중요한 영역으로 생각하고 접근해야 할 것이다.

이 책이 '창의성을 주제로 강의하는 사람들에게도 좋겠다'는 평가를 듣기도 했는데, 모든 사람은 자기 자신에 대한 스승이 될 수 있다는 의미에서 자신의 창의성을 키우는 교본으로 사용하면 좋을 것이라고 확신한다.《생각 3.0⁺》에서 많은 것을 바꾸진 않았지만 집단지능과 관련된 아이디어 구현 플랫폼과 다섯 단계의 아이디어 창출법을 추가시키고 군데군데 몇 가지 사례를 보완했다.

필자는 몇 번의 강의에서 CREATIVE(창의적인)를 다음의 여덟 단어로 설명한 적이 있다.

Convergence (융합)   Risk taking (도전정신)

Eccentricity (기발함)   Agility (민첩성)

Timeliness (적시성)   Initiative (진취성)

Vision (꿈)   Enthusiasm (열정)

이 여덟 단어를 마음에 새겨서 모든 독자들이 창의적인 사람이 되고, 창의적인 대한민국(Creative KOREA)을 이루기를 소망한다.

2015년 4월, 노경원

창의력은 훈련이다

시사주간지 〈타임〉은 2006년 3월 특집기사에서 '지금 우리는 인류 역사상 가장 대단한 창의와 혁신의 시대에 살고 있다'고 주장했다. 인류 역사상 창의와 혁신을 필요로 하지 않은 시기가 언제 있었으랴 싶지만 지금만큼 대단한 시기는 일찍이 없었다는 것이다.

그 옛날 우리의 조상들은 동물의 가죽을 벗기기 위해 처음에는 날카로운 돌을 주워서 사용했다. 그러나 날카로운 돌이라는 것이 허구한 날 주변에 흐드러져 있지는 않다는 사실을 알게 된 다음, 그들은 돌의 면을 날카롭게 만드는 방법을 강구해야 했다. 아마도 우리 인간이라는 존재는 역사 내내 창의와 혁신을 추구한 동물이었을 것이다. 하지만 이제 〈타임〉은 그 정도의 안이한 수준의 창의와 혁신으로는 부족하다고 말하고 있다.

지금까지 혁신의 주체는 극소수의 천재 또는 지도자에 국한되어 있었다. 그러나 이제는 그 주체의 범위가 극소수에서 엄청난 다수로까지 확장되었다는 것이 〈타임〉의 주장이다. 누구나 창의력을 발휘해 혁신적인 아이디어를 제안할 수 있고, 일단 그런 아이디어를 제안하면 그것을 구체화할 수 있는 메커니즘이 존재한다.

어떻게 이런 일이 가능해졌을까? 바로 컴퓨터의 발달 때문이다. 예전에는 보통 사람들의 아이디어는 포장마차의 술 한 잔과 함께 사라지기 일쑤였다. 하지만 지금은 누구든 웬만큼만 다듬어진 아이디어를 내놓으면 컴퓨터에 마련된 여러 프로그램에 의해 세계 각처의 모든 사람들이 사용 가능한 형태로 변형될 수 있다. 전통적인 의미의 천재는 이제 존재하지 않는다.

'창의와 혁신의 시대'에는 양면성이 있다. 먼저 누구나 혁신의 주체가 될 수 있다는 것은 지극히 고무적인 일이다. 하지만 그와 동시에 그 이면에는 엄청난 경쟁이 버티고 있다. 예전에는 경쟁의 대상이 예측 가능한 소수였지만 이제는 언제 어디서 누가 어떤 기막힌 아이디어를 들고 치고 나올지 예상하기 어렵다는 말이다. 끊임없이 연구하고 변신하지 않으면 살아남기 어려운 시대에 우리가 살고 있다.

이러한 시대적 변화에 대처하는 방법론으로 내가 제안한 개념이 통섭이다. 21세기의 학문 중 그 어느 것도 다른 학문과 소통 없이는 홀로 설 수 없다. 나는 5년 전 하버드 대학의 생물학자 에드워드 윌슨의 저서 《Consilience: The Unity of Knowledge》을 《통섭: 지식의 대통합》이라는 역서로 내놓으면서 우리 학계에 통섭의 개념을 소개하고 동료 학자들에게 진리의 궤적을 따라 과감히 그리고 자유롭게 학문의 국경을 넘나들 것을 요청했다. 진리의 행보는 우리가 애써 세운 학문의 구획을 전혀 존중하지 않건만, 우리는 스스로 쳐놓은 학문의 울타리 안에 갇혀 진리의 옆모습 또는 뒷모습만 보고 학문을 한답시고 살고 있다. 나는 이제 우리 학자들이 학문의 국경을 넘을 때 여권이나 비자를 검사하는 거추장스러운 입국절차를 생략할 때가 되었다고 생각한다. 창의성에는 애당초 경계라는 게 있을 수 없기 때문이다.

창의성은 정의하기 매우 까다로운 개념이다. 타고나는 것인지, 아니면 교육에 의해 길러질 수 있는 것인지를 두고 참으로 많은 논쟁이 있었다. 20세기의 문을 연 두 천재로 숭앙 받는 피카소와 아인슈타인을 비교하면 흥미로운 대답이 나온다. 이 두 천재의 공통점에 대해서는 엄청나게 많은 분석과 글들이 나와 있다.

둘은 모두 20세기 초반에 자신들의 대표적인 업적을 남겼다. 큐비즘의 시대를 연 피카소의 '아비뇽의 여인들'이 세상에 첫 선을 보인 게 1907년이었으며, 아인슈타인의 특수상대성이론이 소개된 것이 1905년이었고 일반상대성이론이 발표된 것이 1916년이었다. 어찌 보면 그리 닮지 않은 두 분야에서 나란히 천재성을 발휘한 이들의 유사성은 우리에게 많은 걸 시사한다.

나는 이 두 사람 모두 인류 역사에서 또다시 태어나기 힘든 천재라는 걸 인정한다. 하지만 이들이 천재성을 발휘하기에 이른 과정은 무척 다르다. 이 둘을 야구선수로 비유한다면 아인슈타인은 타율에는 그리 신경을 쓰지 않은 채 어느 날 드디어 장외홈런을 때린 사람이고, 피카소는 수없이 많은 단타를 치다 보니 심심찮게 홈런도 때렸고 그중에는 몇 개의 만루 홈런도 나온 것이다. 피카소는 평생 엄청난 수의 작품을 남겼다. 그가 남긴 작품 중에는 평범한 것들도 많았고 솔직히 수준 이하의 졸작들도 있었다. 그러나 워낙 많이 그리다보니 남들보다 훨씬 많은 수의 수작을 남기게 된 것이다.

《천재성의 비밀》《아인슈타인, 피카소-현대를 만든 두 천재》 등의 책을 쓴 과학사학자 아서 밀러는 창의성이란 통합적 사고와 상상력에서 나온다고 주장한다. 이 책의 저자는 다음 한 마디로 창의성 논의에 종지부를 찍는다. "창의성도 훈련이다." 이어서 창의력을 함양하려면 제일 먼저 기초체력을 길러야 한다는 그의 발언은 창의성이란 타고난 게 아니라 길러지는 것이라는 그의 생각을 더욱 확고하게 해준다.

그는 사뭇 구체적으로 창의성을 위한 기초체력을 기르는 방법으로 8가지를 제안하고 친절하게 테크닉까지 가르쳐준다. 아인슈타인이 이 책을 읽고 더 훌륭한 이론을 더 많이 낼 수 있으리라고 기대하긴 어렵지만 저자의 가르침에 따라 자기 수련을 하면 지금보다 훨씬 많은 피카소들이 생겨나리라고 나는 확신한다.

창의적인 아이디어는 지식의 경계에서 튀는 불꽃이 들풀에 옮겨 붙으며 피어나는 산불과도 같은 것이다. 나는 통섭적 교육이 창의적인 인재를 길러내는 데 절대적으로 유리할 것이라고 떠들어왔다. 이 책에는 통섭적 교육의 구체적인 길들이 보인다.

최재천(이화여대 에코과학부 교수)

9

수천 마일의 여행도
한 발짝 내디디는
발걸음과 지도로 시작된다.

세실 스프링거 *Cecile M. Springer*

21세기에 들어 융합 <u>convergence</u>과 통섭 <u>comsilience</u>이 시대의 트렌드가 되었고, 특정 분야의 전문가를 요구하던 시대에서 다시 다재다능한 인간(르네 상스맨, Renaissance man, Homo universalis)을 요구하는 사회로 빠르게 변화 하고 있다. 한 분야에만 전문성을 가진 'I'자형 인간이 아니라, 한 분야 에 대한 전문성은 물론 이외의 여러 분야에 대한 지식을 겸비한 'T'자 형 인간을 요구하는 시대가 되었다. 그렇다면 왜 다재다능한 인간을 요구하는 시대가 되었을까? 창의성에 그 답이 있다. 산업사회에서 지 식사회로 전환됨에 따라 산업사회에서 요구되던 특정 분야의 전문성 보다는, 창의성이 인재가 갖추어야 할 더 중요한 자질이 된 때문이다.

세계는 과거에 의존하던 '생각 1.0의 시대', 현재에 급급한 '생각 2.0의 시대'에서 미래를 설계해야 하는 '생각 3.0의 시대'로 발전되어

가고 있다. '생각 1.0'은 곧 '데이터의 정보화'라고 말할 수 있겠다. 다시 말해 기존에 있던 데이터들을 묶어 유용한 정보로 만들어내는 과정이라 할 수 있다. 과거 산업사회에서는 이렇게 기존의 데이터와 경험을 적절히 잘 활용하는 것만으로도 생존이 가능했다. 그러나 지식정보 사회에 접어들면서 생존의 방식도 변화했다. 데이터화된 정보들이 지나치게 많아지면서 이른바 '정보의 홍수' 시대가 도래한 것이다. 이제 누가 더 빨리 정확한 정보를 찾아내 자신의 필요에 맞게 제대로 '가공'해내는지가 더 중요해졌다. 이것을 필자는 '생각 2.0'이라 말하고 싶다. 현재도 이러한 정보의 가공력과 속도가 하나의 경쟁력으로 작용한다. 하지만 시대는 급격히 변하고 있다. 이제 다시 생각의 패러다임을 바꿀 시점이 되었다. '생각 3.0'이라 말할 수 있는 '창조적 사고'로 전혀 새롭고도 부가가치를 창출할 수 있는 발상을 해야 할 때다. 생각이 미래를 만든다. 이 '생각 3.0'의 핵심 키워드가 바로 '창의성'이다.

이런 변화 속에서 국내외적으로 창의성에 관한 책들이 많이 나오고 있다. 그런 책들은 창의성이 중요하다는 것을 환기시키고 창의적인 사람이 되고 싶다는 생각이 들도록 해주긴 하지만 실제로 어떻게 창의적으로 될 수 있는지 또는 현실 문제에서 어떻게 창의적인 아이디어를 낼 수 있는지에 대해서는 잘 알려주지 않는다. 창의성을 키우는 방법을 알려주는 책들 역시 다 읽고 책을 덮으면 창의성을 키우는 방법과 창의적인 아이디어 발상법이 기억나지 않는다는 문제점이 있다. 이러한 문제점을 해결하기 위해 그동안 여러 책을 읽고 나름의 방법으로 정리하여 창의력을 키우는 방법에 관한 책을 내기로 했다. 정리하는 것 자체가 먼저 필자에게 도움을 줄 것이라는 생각으로.

많은 사람들이 천재에 대해 선입견을 가지고 있다. 역사적으로 창의성을 발휘한 사람들은 보통사람들과는 다른 특별한 무엇인가를 타고났다는 것이다. 그러나 우리가 천재라고 생각하는 사람들은 그렇게 말하지 않는다. 미켈란젤로는 "내가 거장의 경지에 이르기 위해 얼마나 열심히 노력했는지 안다면, 사람들은 별로 대단하게 여기지 않을 것이다"라고 했다. 노력 없이는 어떤 분야의 경지에 도달할 수가 없다. 이는 창의성이 중요하게 평가되는 미술, 음악 분야에서도 마찬가지다.

많은 이들이 지능지수(IQ)가 높은 사람이 공부를 잘할 것이라고 생각한다. 물론 지능지수가 높은 사람이 공부를 잘할 수는 있다. 그러나 2000년 노벨생리의학상을 수상한 에릭 캔들이 말한 것처럼 공부를 하면 지능지수가 높아지기도 한다. 머리를 사용함으로써 머리가 좋아지는 것이다. 창의적인 발상을 하기 시작하고 창의적인 사람이 되기 위해 노력하면 창의적으로 될 수 있는 것이다.

창의력도 훈련이다. 체력과 마찬가지로 창의력은 몸으로 학습해야 하고, 어느 날 갑자기 생겨나는 것이 아니다. 그것은 마치 운동선수들이 수없이 많은 반복을 통해 근육이 동작을 기억하도록 해 자연스럽게 동작이 나오도록 하는 것과 같다. 몸 따로 머리 따로가 아니라 머리도 몸의 일부다. 몸에 적용되는 원리는 머리에도 적용된다.

저널리스트이자 뉴욕 타임스 베스트셀러 작가인 대니얼 코일은

《탤런트 코드-재능을 지배하는 세 가지 법칙》에서 '10년 규칙'을 소개하고 있다. '10년 규칙'이란 어떤 분야든지 세계적인 수준의 전문가가 되려면 약 10년 정도를 연습에 전념해야 한다는 것이다. 말콤 글래드웰도 같은 말을 했다. 그는 《아웃라이어》에서 '1만 시간의 법칙'을 소개하며 세계적인 수준에 도달하기 위해서는 1만 시간의 훈련이 필요하다고 했다. 하루 3시간씩 10년간의 노력이 1만 시간이라는 위대함을 낳는 '매직넘버'를 만든다.

글래드웰은 성공을 '무서운 집중력과 반복적 학습의 산물'이라고 말한다. 이시카와지마중공업 창업자인 도고우 도시오는 "능력은 필요조건이긴 해도 충분조건은 아니다. 성공을 위한 충분조건은 내 식으로 말하면 일종의 집념이다"라고 했다. 창의력도 마찬가지다. 타고나는 것이 아니라 집념을 가지고 노력하면 얻어지는 것이다. 가장 창의적인 영역이라고 불리는 예술 영역에서도 연습은 중요하다. 김연아의 발, 강수진의 발을 보았는가. 예술이 꽃을 피운 르네상스 시대의 창조성을 도제apprentice 시스템에 돌리는 이들이 많다. 오랫동안 스승 밑에서 집중적인 훈련을 받을 수 있는 도제 시스템은 기술의 전수와 아울러 청출어람의 제자를 낳았다. 레오나르도 다 빈치가 스승 베로키오로부터 받았던 도제 교육이 그의 창의성을 키운 것이다. 타고난 천재라는 것은 없고, 노력에 의해서 창의성이 발현되고 완성되는 것이다.

창의력을 키우기 위해서는 어떻게 해야 하는가? 먼저 창의력에 대한 올바른 마음자세를 가져야 한다. 창의력에 대한 오해를 버리고, 자신도 창의적인 사람이 될 수 있다는 생각을 갖는 것이 우선이다. 다음은 자신의 창의성을 꽃 피울 수 있도록 기초체력을 다져야 한다. 한 번 반짝하고 지는 것이 아니라 평생에 걸쳐, 자기가 활동하는 모든 영역에서 창의력을 발휘할 수 있는 토양으로서 정신적·육체적인 창의력의 기초를 다지는 것이 필요하다. 이런 바탕 위에 창의력을 발휘할 수 있는 테크닉을 배우고 실전에 활용하는 연습을 통해 자신만의 방법들을 만들어가는 것이 필요하다.

산에서 나무를 패는 나무꾼의 비유를 보면, 그는 시간이 없다며 무뎌진 도끼날을 갈지 않고 열심히 나무를 팬다. 그런 사람을 보면서 누구나 어리석다고 여긴다. 우리는 어떠한가. 생각하는 힘을 먼저 기르지 않고 어떤 문제에 대해 아이디어만 떠올리려고 하지 않는가. 우리의 사고력이 바로 나무꾼의 도끼날이다. 사고력을 먼저 날카롭게 갈아놓아야 어떤 문제라는 나무를 팰 때 힘들이지 않고 많은 아이디어를 떠올릴 수 있는 것이다.

그리고 자연이나 다른 사람의 생각, 다른 문화, 다른 영역의 아이디어 등 태양 아래 이미 존재하는 것들이 그 사고력을 가는 숫돌이 될 수 있다. 창의성은 다양성에서 나온다. 창의적 발상을 위해서는 다양한 숫돌에 사고력을 연마할 필요가 있다. 열린 마음을 가지고 자연을 바라보고, 세상을 바라보고, 모든 것을 바라보자.

이 책은 3부로 구성되었다. 1부에서는 창의력에 대한 오해 8가지를 제시하여 창의력에 대한 바른 자세를 갖도록 하고, 2부에서는 기초체력을 다질 수 있는 8가지 방법을 제시했다. 3부에서는 1부터 8까지의 숫자에 맞추어 창의력을 키울 수 있는 테크닉을 만들어 소개했다. 1부가 읽기 힘들면 3부, 2부, 1부의 순서로 읽는 것도 한 방법이다. 부디 끝까지 읽기 바란다.

이 책을 쓰기 위해서도 다른 사람의 생각을 빌렸다. 먼저 그동안 읽은 책, 배운 지식, 만난 사람, 경험한 모든 일들에서 아이디어를 가져왔다. 또 많은 분들이 이 책의 초고를 읽고 아이디어를 주시고 교정도 봐주셨다. 광주과학기술원 김도한 교수님, 부산대학교 유희열 교수님, 서울대학교 김빛내리 교수님, 이승종 교수님, 최도일 교수님, 울산대학교의과대학 이인철 교수님, 이화여자대학교 박영일 교수님, 최재천 교수님, 한국과학창의재단 정윤 이사장님, 한국생명공학연구원 김흥렬 실장님, 현대경제연구원 유병규 본부장님, KAIST 이상엽 교수님, 교육과학기술부 이주희, 이해숙 서기관님, 강정자, 김연, 김진형, 박시정, 장석환 사무관님과 박청송님께 감사를 드린다. 그럼에도 불구하고 이 책에 혹시 있을 오류에 대해서는 필자의 책임임을 밝혀둔다. 또한 앞으로도 이 책을 더 발전시키기 위해 노력할 것이다.

이 책을 읽는 이들이 창의력에 대한 생각을 긍정적으로 바꾸고, 창의성을 높이기 위한 기초체력을 다지며 창의적 아이디어 발상을 위한 테크닉을 익히는 계기를 마련하기를 바란다.

차 례

1부 생각 3.0+ 기본 마인드

- 두뇌는 타고나는 것이다?
- 어려야 더 창의적이다?
- 우뇌를 써라?
- 제약이 있어서 못한다?
- 이미 다 발명되었다?
- 한 가지에만 미쳐라?
- 아이디어가 잘 나오는 장소가 있다?
- 새로운 무언가를 만들어내라?

THINKING

제1부
생각 3.0$^+$
기본 마인드

체력을 기르고 운동효과를 제대로
내기 위해서는 구부러진 자세를 먼저 교정해야
한다. 심리학 실험결과에 따르면 자세만 변화시켜도 행
복해지고, 시험 점수도 높일 수 있다. 마찬가지로 창의
력을 키우기 위해서는 먼저 창의력에 대한 바른 생각
을 가져야 한다. 자세만 바꿔도 창의력이
높아질 수 있다.

네 안에 잠든
거인을 깨워라

생각 인사이드

Inside

대담한 아이디어는
전진하는 체스 말과 같다.
잡힐 수도 있다.
그러나
이기는 게임의
시작일 수도 있다.

요한 볼프강 괴테 *Johann Wolfgang von Goethe*

산업사회에서 지식기반사회로 변화하면서 사람들에게 요구하는 능력
도 달라지고 있다. 체력이나 반복학습·훈련을 통해 암기한 지식과 기
술이 중시되던 시대를 지나 이제는 남들과 다른 발상으로 유무형의 새
로운 것을 만들어내는 창의력으로 무게 중심이 기울고 있다. 신상품을
만들고 혁신적인 공정을 개발하여 비용을 절감하는 것, 새로운 시장을

개척하고 새로운 재료 공급처를 찾는 것과 같이 모든 비즈니스 과정에서도 창의성을 필요로 하기 때문이다.

현대의 경영자들은 누구나 남들과 동일한 지식과 기술을 가지고 기존 시장에서 피를 흘리는 경쟁을 해야 하는 레드오션Red Ocean을 피하고, 타사가 생각하지 못한 새로운 시장, 즉 블루오션Blue Ocean을 개척하고자 한다. 그리고 이렇게 블루오션을 개척하고자 할 때 가장 필요한 것이 바로 창의력이다.

창의적 마인드가 없는 사람은 자신만의 새로운 삶을 영위하기가 어렵다. 그저 관습에 얽매이거나 다른 사람이 만들어놓은 틀에서 생활할 수밖에 없다. 직업이나 학문의 영역 혹은 생활방식이나 습관에 이르기 까지 조상이나 부모, 선생이나 선배가 걸었던 길만을 따라 걷는 다는 것은 얼마나 지루한가. 삶이란 결과가 아니고 과정이다. 따라서 무엇인가 새로운 것을 찾는 일은 결과와 관계없이 즐거움을 준다. 자신만의 삶을 영위하기 위해서는 삶의 모든 과정에서, 모든 의사결정의 순간에 창의성을 발휘해야 한다.

✱ 상상력 + 실현 가능성

일차적 의미의 창의성은 어떤 문제에 대해 다른 사람이 적용하지 않는 해결방식을 생각해내는 것이다. 이때 새로운 것을 생각해내야 한다는 점에서 상상력을 필요로 하긴 하지만 막연한 상상력과는 다르다. 왜냐하면 문제에 대한 그 새로운 해결방식이 유용성이나 실현 가능성까지 갖춰야 하기 때문이다.

여기서 다루는 문제는 전통적으로 생각하는 제품의 발명이나 공정의 개선만을 의미하지 않는다. 광고기법, 마케팅기법, 학습방법론은 물론이고, 음악 작품의 작곡과 연주, 그림 그리기나 조형품의 제작, 달리기의 스타트 기법, 쇼트트랙 결승점에서의 '날 밀어넣기' 기법, 피겨스케이팅의 트리플 러츠나 트리플 악셀 등 우리가 보고 듣고, 생활공간에서 경험하며 생각하는 모든 것들이 해당될 수 있다.

발상의 종류는 크게 두 가지이다. 현재의 것에서 조금씩 개선해나가는 발상과 현재와는 전혀 다른 것을 창조하는 것.《해결하는 힘》의 저자인 이남석은 창의성을 해당 분야의 역사를 바꾼 업적과 관련된 '큰 창의성 creativity'과 일상생활의 개선이나 좋은 아이디어와 같은 '작은 창의성 creativity'으로 나눈다. 기존의 것을 조금 개선하여 효율성을 높이려면 지속적으로 다른 기업과 경쟁 competition해야 하지만, 큰 창의성은 새로운 블루오션을 창출하여 경쟁자를 떨쳐버리는 초경쟁 supercition을 이루기도 한다.

이와 유사하게 창의성을 현재의 발전 경로에서 계속적인 comeinuous 것과 현재의 발전 경로에서 벗어난 단속적인 discomeinuous 것으로도 나눌 수 있다. 아이디어 발상법과 관련해서 기존 정보를 가공해 새로운 것을 끌어내는 선형적인 방법과 직관이나 상상력을 통원해서 새로운 것을 발견하는 직관적인 방법으로 나누기도 한다. 물론 이러한 두 가지 방법은 본질적으로 같은 방식의 훈련을 통해 기를 수 있다.

노하우(know-how) VS 노웨어(know-where) *

창의성은 어느 시대에나 중요했지만, 이제 더 중요해졌다. 과거에는 얼마나 많은 지식을 머릿속에 집어넣고 있는가가 그 사람의 지적 능력을 평가하는 기준이었다. 하지만 언제든 필요한 순간 인터넷을 통해 최신 정보를 정확하게 얻을 정도로 정보통신기술이 발달하면서 상대적으로 지식 암기의 효용성은 많이 약화되었다. 노하우know-how 또는 지식 그 자체보다 노웨어know-where가 중요한 시기이다.

기술도 마찬가지다. 숙련도와 정밀도가 높은 기술을 요구하는 분야는 자동화가 많이 진전되었고 자연스럽게 이런 기술자에 대한 평가와 수요도 낮아지고 있다. 물론 학교교육은 아직 시대의 변화를 따라가지 못하고 있는 것이 현실이다. 심지어 지금의 교육현실을 이렇게 빗대기도 한다. "19세기(사고방식을 가지고 있는) 선생님들이 20세기(시설을 갖춘) 교실에서 21세기(사고방식으로 21세기를 살아갈) 학생들을 가르친다."

우리는 '같은 강물에 발을 두 번 담글 수 없다'는 그리스 철학자 헤라클레이토스의 경구를 항상 기억해야 한다. 강물이 흐르듯 시간도 계속해서 흐르기 때문에 우리의 시계도 지속적으로 맞춰야 한다. 오늘날의 학교 상황은 《여씨춘추》에 나오는 각주구검(刻舟求劍)에 관한 고사를 떠오르게 한다.

14

> 전국시대 초(楚)나라의 한 젊은이가 배를 타고 양자강을 건너다 배가 강 한복판에 이르렀을 때 그만 실수로 손에 들고 있던 칼을 강물에 빠뜨렸다. "아뿔싸! 이를 어쩌지." 그 젊은이는 허둥지둥 단검을 빼서 칼을 떨어뜨린 그 뱃전에다 표시를 해두었다. 그리고 배가 건너편 나루터에 닿자마자 그는 표시를 해둔 그 뱃전 밑의 강물로 뛰어들어 칼을 찾으려 했지만 칼이 그곳에 있을 리는 없었다.
> 여씨춘추에 다음과 같이 기록되어 있다. "때는 이미 지나갔으나 법은 바뀌지 않았으니 이런 방식으로 정치를 한다면 어찌 어렵지 않겠는가?(時已徒矣, 以法不徒, 以此爲治, 豈不難哉)"

고사 속 젊은이의 어리석음을 비웃기는 쉽지만 실제 우리가 그렇게 행동하고 있다고는 생각하지 못할 때가 많다. 공간축을 시간축으로 바꾸어보자. 배를 타고 강을 건너는 젊은이처럼 우리는 강물처럼 흐르는 시간을 타고 시간여행을 하고 있다. 우리가 과거의 경험으로부터 얻은 사고방식을 오늘날에도 그대로 적용하려는 행동은 과거의 뱃전에 금을 그어놓고 그곳에 뛰어들어 칼(해답)을 찾으려는 것과 같다. 공간이 아닌 시간의 개념일 경우 자신이 각주구검하고 있다는 것을 인식하기가 더 어렵다. 빛의 속도로 변하는 시대에 20세기에 배운 사고방식에 금을 그어놓고 거기에 뛰어들어 사물을 보고 판단하며 21세기, 오늘의 세상을 살고 있지는 않은가?

세계적으로 경쟁을 해야 하는 글로벌 기업 그리고 사고방식의 변화에 기업의 존폐가 달려 있는 시장에서는 이미 창의성의 중요성이 많이 강조되고 있다. 하지만 아직까지도 학교 현장이나 학습 과정에서는 이에 대한 중요성이 제대로 인정받지 못하고 있다.

창의적 발상으로 날마다 즐겁게!*

발명하는 사람, 연구하는 사람, 예술하는 사람 등 특별한 사람에게만 창의성이 필요하다고 생각하기 쉽다. 그러나 창의성은 우리의 생활공간 어디에나 작용될 수 있기 때문에 모든 사람에게 필요하고, 모든 순간 필요할 수 있다. 송숙희는 《당신의 책을 가져라》에서 발명에 적용되는 원리들을 이용해 어떤 책을 쓸 수 있을지 찾는 법을 소개하고 있다.

한 가지 예로 청소를 창의적으로 하는 방법을 생각해낼 수 있다. 이제 로봇은 원자력발전소의 내부나 고층빌딩의 유리창처럼 사람이 접근하기 어려운 장소를 청소하는 것을 넘어 집의 방바닥이나 침대 밑과 같은 곳을 스스로 돌아다니며 청소를 한다. 데이트를 창의적으로 할 수도 있다. 매일 똑같은 장소에서 똑같은 이야기를 똑같은 사람과 한다는 것은 생각만 해도 지루하다. 맛 기행 데이트, 영화관·미술관·박물관 탐방 데이트, 세계 문화유산 기행 데이트, 랜드마크 찍기 데이트, 자치 단체별 공원 일주 데이트, 야구장·농구장·축구장 등 운동경기 관람 데이트, 책에 등장하는 장소 탐방 데이트, 책 쓰기 데이트, 영어공부 데이트 등 발상을 바꾸면 얼마든지 새로운 재미를 느낄 수 있고 창조적인 데이트를 즐길 수 있다.

＊ 생각 3.0⁺의 완성

창의성은 재능이나 영감, 순간적인 번뜩임에 의해 이루어진다고 생각하는 사람들이 많다. 그러나 작곡가나 화가, 김연아 같은 피겨스케이팅 선수도 대부분의 시간을 기술과 테크닉을 기르는 데 사용한다. 아무리 특출한 피아니스트도 피나는 연습 없이는 창의성을 발휘한 연주를 할 수 없다. 에디슨이 말한 "천재란 99퍼센트의 노력과 1퍼센트의 영감으로 이루어진다"가 많은 사람의 공감을 얻고 오늘날까지 회자되는 것도 이러한 이유로 해석할 수 있다.

그러면 이러한 노력이 제대로 이루어지지 않는 이유는 무엇일까?

습관을 몸에 새기지 않고, 마음에만 새겼다가 흘려보내기 때문이다. 새해가 되면 '담배 끊어야지', '규칙적으로 운동해야지', '열심히 공부해야지' 하면서 마음을 먹지만 대부분 실패로 돌아가고 만다.

창의성도 마찬가지다. 창의성을 기르고 싶다는 마음만으로는 안된다. 창의성이 몸 속에 흐르는 피처럼 체화되도록 훈련해야 한다.

2장

창의성에 대한 8가지 오해

> 정말 창의적인 사람은
> 자신이 부과한 한계를
> 없애는 사람이다.
>
> 제럴드 잼폴스키 *Gerald G. Jampolsky*

발명의 시대였던 19세기가 저물어갈 무렵인 1899년에 찰스 두엘은 미국 특허청장 자리에서 물러나면서 이렇게 말했다. "발명될 만한 것들은 이미 다 발명되었다." 이 말은 2,000년 전에 로마의 공학자 섹스투스 율리우스 프론티누스가 "발명은 오래전에 한계에 도달했고, 더 이상의 발전은 전혀 가망이 없어 보인다"고 한 말을 떠오르게 한다.

1939년 〈뉴욕타임스〉는 사람들은 가만히 앉아서 화면을 쳐다볼 시간이 없기 때문에 텔레비전은 라디오의 경쟁상대가 안 된다고 했고, 20세기 폭스 초창기 제작자인 대릴 자누크는 사람들은 텔레비전 보는 것에 질려 더 이상 텔레비전이 팔리지 않을 것이라고 했다. IBM의 CEO였던 토머스 왓슨 주니어는 전 세계에 컴퓨터는 딱 5대만 있으면 될 것이라고 했다.

유명한 과학자들도 마찬가지다. 1923년 노벨물리학상을 수상한 로버트 밀리칸은 "사람이 원자의 힘을 끌어내는 것은 거의 불가능하다"고 했다. 또 1945년에 나온 영어사전에서는 우라늄을 '아무 쓸모없는 희고 무거운 금속'이라고 설명했다. 물론 인류는 1945년 원자폭탄을 만들었고, 1950년대 원자력발전소를 상용화했지만 말이다.

유명인들이 앞날을 내다보지 못하고 현실에 매몰되어 한 말들은 세월이 지난 오늘날 우습게 보일지 모른다. 하지만 우리도 같은 오류에 빠져 있지는 않을까? 그래서 지금부터는 (이 책을 다 읽고 나서는 터무니없게 보일 수도 있는) 창의력에 대한 오해를 파헤쳐볼 것이다. 하버드대학교 테레사 아마빌레 교수는 창의성에 대한 네 가지 오해를 정리했는데 여기서는 여덟 가지 오해에 대해 알아보겠다.

1) 두뇌는 타고나는 것이다?

많은 사람들이 다 빈치, 모차르트, 아인슈타인, 에디슨 등을 예로 들며 창의성은 타고나야지 노력해서 되는 것은 아니라고 말한다. 누구나 열심히 훈련한다고 해서 피겨스케이팅의 김연아, 스피드스케이팅의 이상화, 쇼트트랙의 이정수, 바둑의 이창호, 소프라노의 조수미, 바이올린의 장영주, 첼로의 장한나 같은 사람이 될 수 없다며 연습할 필요조차 없다고 생각하는 것이다. 그러나 하버드대의 하워드 가드너, 터프츠대의 로버트 스턴버그, 클레어 몬트대의 미하이 칙센트미하이 등 많은 뇌연구자, 심리학자, 창의성 연구자들은 이렇게 강조한다. "누구나 창의적일 수 있다."

누구나 창의적이 될 수 있다고 보는 학자들 사이에서도 조금씩 생각은 다르다. 칙센트미하이처럼 인위적 프로그램보다는 몰입과 열정에 의해 창의적이 될 수 있다는 주장과 모든 과목을 열심히 공부하면 창의력은 자연스럽게 계발될 것이라는 주장도 있으나, 알렉스 오스본, 폴 토렌스, 에드워드 드 보노 등 더 많은 학자들은 과학적 프로그램을 통해서 창의성 계발이 가능하다고 본다. "지능은 일생 동안 계발될 수

33

있다"는 가드너의 주장처럼 창의성도 일생 동안 계발될 수 있다.

다른 한편에서는 창의성 훈련이 단기적으로는 효과를 낼 수 있어도, 사고를 고정화시켜 장기적으로는 오히려 창의성을 저해할 수 있다고 지적한다. 너무 어려서 문제풀이식 공부를 많이 하거나, 진도를 아주 많이 앞서 나간 선행학습을 할 경우 이미 한 번 배웠다는 생각 때문에 오히려 배움에 대한 호기심을 잃는다는 것인데, 심지어 모르는 것도 아는 것처럼 착각해 학습효과가 떨어지기 때문에, 스스로 하고 싶어 할 때까지 기다려야 한다는 주장이다.

타고난 학습능력 차이에 따라 정도는 다르지만 노력하면 성적이 올라가고, 특히 효율적인 방법으로 공부를 하면 성적이 더 많이 올라간다. 마찬가지로 창의력도 노력하면 키워지고 올바른 방법으로 연습을 하면 더 많이 커진다. 이와 관련하여 '눈덩이 효과Snowball effect'를 떠올릴 수 있다. 눈덩이를 굴릴 때는 먼저 눈을 어느 정도 뭉쳐야 한다. 그렇게 해서 굴리다 보면 눈이 붙어나게 되는데 이때 작은 눈덩이에 붙는 눈의 양과 큰 눈덩이에 붙는 눈의 양은 엄청난 차이가 생길 수 있다. 따라서 아이들이 배움의 즐거움을 알도록 어릴 때부터 좋은 책을 골라 읽어주고 스스로 읽도록 도와주는 것과 마찬가지로 창의력을 높이기 위해 필요한 토대를 마련해주고 창의적인 발상법을 익혀 스스로 훈련할 수 있도록 해주는 것이 필요하다.

좋은 몸과 머리를 가지고 태어났어도 잘 훈련시키고 관리하지 않으면 체력이나 지력이 좋다는 평가를 받을 수 없다. 창의력은 체력이나 지력과 비슷하다. 용불용설(用不用說) 즉, 많이 사용하는 기관은 발달하고 사용하지 않은 기관은 퇴화하는 것이다. 사람마다 타고난 창의력에 편차가 있으나, 어떻게 훈련시키고 관리하는가에 따라 결과는 달라진다. "진돗개도 훈련받지 않으면 똥개가 되고, 독수리도 훈련받지 않으면 닭장 속의 병아리와 같다"는 말이 있다. 새끼가 부견과 모견의 유전형질을 100퍼센트 물려받았어도 키우는 사람에 의해 애완견도 되고, 사냥개도 되고, 똥개도 될 수 있다.

사람도 어떤 사람이 되는가는 '어떻게 성장하는가'에 따라 달라진다. 어려서는 부모나 스승의 영향이 크지만, 성장한 후에는 자신의 생각과 행동에 의해 엄청나게 달라질 수 있다. 어려운 가정 환경 속에서 제대로 교육을 받지 못했지만 성장하면서 각성하고 심기일전하여 위대한 인물이 된 사람들은 무수히 많다.

창의력은 자동차로 비유하면 마력이다. 정신의 잠재력인 것이다. 자동차의 성능이 마력에만 달려 있지 않고 운전자의 솜씨에 따라 달라질 수 있는 것처럼, 창의성을 어떻게 계발하고 사용하는가에 따라 개인의 창의력이 달라진다. 마이클 미칼코 역시 "창조력이 타고난 것이라는 주장은 잘못되었다. 모든 사람이 창조력을 가지고 있지만 어떻게 발휘해야 하는지 모를 뿐이다"라고 말했다. 에디슨, 빌게이츠, 빌 조이, 비틀즈, 아인슈타인이 어린 시절 주변 사람들에게 어떻게 여겨졌는지 생각해보라. 그들은 결코 창의적인 사람이라고 인정받지 못했다.

창의적 사고방식을 몸에 익히면 모든 부분에 적용할 수 있다. 운전

면허를 따기 위해서 운전 연습을 해야 하고, 운전면허를 딴 후에도 장롱면허가 되지 않도록 계속해야 운전을 잘하는 것처럼, 창의적 사고방식에 어느 정도 익숙해졌다고 생각해도 창의적 사고 훈련을 꾸준히 계속해야 한다.

2) 어려야 더 창의적이다?

> **교육의 근본 목표는 다른 세대가 해놓은 것을
> 단지 반복하는 것이 아니라
> 새로운 것을 할 줄 아는 사람을 만드는 것이다.**
>
> – 장 피아제 *Jean Plaget*

어려서는 창의성이 높았는데 나이가 들면서 창의성을 잃어버렸다고 말하는 사람들이 많다. 미국에서 가장 창의적인 사고를 하는 사람들 중 하나로 선정된 마르코 마산도 조지 랜드의 연구결과를 인용하며 '어려서는 창의성이 높으나 나이가 들어가면 창의성을 잃는다'고 주장했다. 조지 랜드는 헤드스타트 프로그램Headstart program의 표준테스트를 이용하여 3~5세 아이들은 98퍼센트가 천재의 범주에 들었으나 25세 이상의 성인 중에는 2퍼센트만이 천재의 범주에 들었다는 결과를 발표했다.

그러나 이 결과를 가지고 어린 아이들의 창의성이 더 높다고 결론 내릴 수는 없다. 창의성이 높다고 여겨지는 다 빈치, 모차르트, 에디슨, 아인슈타인 등 어느 누구도 어린 시절에는 창의적인 산출물을 만들어내지 못했다. 특히 가장 창의적인 산출물은 인생의 황혼기나 최후에 가까운 시점에 나오는 경우가 많다. 독창적인 발상의 대명사로 일컬어지는 코페르니쿠스의 역작 《천체의 회전에 관하여 DE revolutionibus orbium coelescium》는 그가 죽은 날인 1543년 5월 24일에 출판되어, 그는 간신히 자신의 저서를 보고 죽을 수 있는 행운을 얻었다.

주세페 베르디가 여든 살에 생애 마지막으로 작곡한 오페라 〈폴스타프 Falstaff〉는 이탈리아 낭만주의 오페라의 최고 걸작으로 꼽힌다. 2005년 11월 세상을 떠난 경영학의 대가 피터 드러커는 80대 노인 베르디의 이 말을 잊지 않고 일신우일신(日新又日新)의 자세로 살았다고 한다. "음악가로서 나는 일생 동안 완벽을 추구해왔다. 완벽하게 작곡하려고 애썼지만 하나의 작품이 완성될 때마다 늘 아쉬움이 남았다. 따라서 나에게는 분명 한 번 더 도전해볼 의무가 있다고 생각한다."

칙센트미하이의 말처럼 아이들이 여러 면에서 많은 재능을 보일 수는 있다. 하지만 실제로 창의적이기는 어렵다. 왜냐하면 창의성이란 새로운 실행방식을 만들어내는 것이므로 우선 기존의 실행방식에 대해 알아야 하기 때문이다. 자기만 모르고 다른 사람은 다 알고 있었던 것을 자기 자신의 힘으로 생각해냈다고 해서 그 사람을 창의적이라고 인정하기는 어렵다. 사람은 자신이 모르는 분야에서 창의적이 될 수 없다. 아무리 수학적 재능이 뛰어나다고 해도 수학의 규칙을 모른다면 수학에 공헌할 수 없다.

물론 상대적으로 일찍 두각을 나타내는 분야도 있다. 미술이나 철학 영역에 비해 각각 음악이나 수학 영역에서 젊어서 두각을 나타내고, 화학 영역보다 물리 영역에서 상대적으로 젊은 나이에 두각을 나타낸다고 한다. 또 소설보다는 시 분야에서 젊은 나이에 좋은 작품을 선보인다. 이는 보통 그 학문 영역에서 상대적으로 발상이 중요한가, 경험이 중요한가에 달려 있다. 예를 들어 노벨과학상 수상실적을 살펴보아도 평균적으로 노벨화학상 수상업적이 노벨물리학상 수상업적보다 더 나이가 들어서 이루어진 것으로 나타난다.

3) 우뇌를 써라?

> **두뇌는 하늘보다 넓다.**
>
> — 에머리 디킨슨 *Emily Dickinson*

많은 책들이 창의성을 기르기 위해서는 우뇌를 사용해야 한다고 말한다. 이러한 환상은 로저 스페리의 연구결과에서 비롯되었다. 1981년 스페리는 심리학자로서는 최초로 좌-우로 분화된 뇌에 대한 연구로 노벨생리의학상을 받았다. 그는 좌뇌와 우뇌를 연결하는 뇌량이 끊어진 간질병 환자를 대상으로 연구를 수행하여 '좌뇌와 우뇌의 기능이 다르다'는 결론을 내렸다. 그에 따르면 좌뇌를 활용하는 사람은 이성적이고 논리적이어서 순차적으로 분석하는 특성이 있고 언어능력이 뛰어나며 객관적인 반면 상상력이 부족하다. 한편 우뇌를 활용하는 사람은 직관력과 상상력이 풍부하고 전체를 시각화하여 볼 줄 아는 반면 주관적이고 시간 개념이 부족하다고 했다.

물론 그는 연구결과와 관련하여 좌-우 이분법이 자칫 잘못 받아들여질 수 있는 가능성에 대해 언급했다. 하지만 그의 우려에도 많은 사람들은 그의 연구결과를 표면적으로 받아들인 나머지 사람의 뇌는 좌뇌와 우뇌의 역할이 나누어져 있으며, 좌뇌는 이성적 활동을 담당하고 우뇌는 감성적 활동을 담당하기 때문에 창의성을 높이기 위해서는 우뇌를 많이 사용해야 한다고 생각했다.

그러나 오늘날 컴퓨터단층촬영CT과 자기공명영상MRI을 통해 뇌가 어떻게 작동하는지에 대하여 스페리 시대보다 잘 알게 되면서, 결과적으로 스페리의 모델에는 한계가 있다는 사실이 밝혀졌다. 이러한 연구를 한 에릭 캔들은 시냅스와 관련하여 단기기억이 장기기억으로 바뀌는 뇌의 메커니즘 모델을 연구해 2000년 노벨생리의학상을 받았다. 뇌의 영역에 따라 주요 역할이 있다는 사실을 부정하지는 않지만, 일반인들에게 널리 퍼진 신화와는 달리 관련 분야 과학자들은 더 이상 우뇌만이 창의성과 관련되어 있고 좌뇌는 합리성과 관련되어 있다고 믿지 않는다. 대신 뇌의 모든 사고과정 중에 직관과 분석이 결합되어 있으며 '순수한 분석'이나 '순수한 직관'은 없다고 보게 되었다.

4) 제약이 있어서 못한다?

> **장애란 뛰어 넘으라고 있는 것이지
> 걸려 엎어지라고 있는 것이 아니다.**
>
> – 정주영

아이디어를 내라고 하면 이런저런 핑계만 대는 사람들이 있다. 그러나 실상은 제약이 있어서 창의적인 아이디어를 내지 못하는 것이 아니라 많은 제약이 있기 때문에 창의적인 아이디어가 필요한 것이다.

경제학에서도 모든 문제는 자원의 희소성에서 출발한다고 본다. 자원이 희소하지 않으면 고민할 필요가 없다. 비용 절감이나 효율성 제고를 요구하는 금융압력, 치열한 시장경쟁, 제품 수명주기의 단축, 엄격한 규제, 환경보호, 인구·사회·시장구조의 변화, 서비스 및 품질에 대한 소비자의 높은 기대수준 등의 어려움 덕택에(?) 새로운 발상에 대한 요구가 높아지고, 새로운 발상은 더 가치 있는 것이다.

경제성장과 관련하여 '자원의 저주 curse of natural resources'라는 개념이 있다. 지하자원이 풍부한 국가의 경제 성장이 더 빠를 거란 기대와는 달리 지하자원이 풍부한 나라일수록 경제성장이 더디다는 것이다. 우리나라를 비롯해 일본, 이스라엘 등 지하자원이 부족한 나라들이 빠른 경제성장을 이룬 반면, 나이지리아 등 지하자원이 풍부한 나라들 중에는 오히려 경제성장을 이루지 못한 사례가 많다.

개인의 삶에서도 마찬가지다. 일본에서 '경영의 신(神)'으로 불리는 마쓰시다 고노스케는 "가난 덕분에, 배우지 못한 덕분에, 몸이 약한 덕분에 성공했다"고 말한다. 현실적인 제약은 어려움을 돌파할 방법을 떠올리고 실제로 행동하도록 사람을 자극하는 힘을 가지고 있다.

뉴욕 구겐하임 미술관을 건축한 프랭크 로이드 라이트는 '예술가의 가장 좋은 친구는 제약'이라고 했다. 역사적으로도 역경은 발전을 위한 동인driver이 되어왔다. 서기 64년, 네로 황제 때 발생한 로마 대화재가 일어나면서 이후 화재 예방을 위해 나무 들보 사용을 금지하도록 건축법이 개정되었다. 이때 화산재를 첨가한 콘크리트가 활용되기 시작했고, 콘크리트의 유연성 덕분에 돔dome과 같은 새로운 건축양식이 발전했다.

이슬람에서 모자이크의 기하학적 문양이 발전한 것도 마찬가지다. 이슬람교가 사람과 생물의 모습을 사실적으로 그리는 일을 금지했기 때문에 예술가들은 자연을 사실적으로 그리지 못하고, 기하학적인 문양에 집중한 덕에 모자이크가 발전하게 되었다.

구글은 9가지 혁신의 원칙 중 하나로 '창의성은 제약을 사랑한다 Creativity loves constraines'를 꼽고 있다.

5) 이미 다 발명되었다?

이미 많은 것들이 발명되었으니, 시대가 흐를수록 발명이 어려울 거라 생각하기 쉽다. 이는 '낚시 효과 Fishing out effece'라고도 불리는데, 즉 호수에서 물고기를 낚을수록 점점 더 물고기를 낚기 어려운 것처럼 앞선 세대의 사람들이 많은 발명을 하면 뒤에 따라오는 사람들은 발명할 거리가 없어진다는 것이다. 앞에서 언급한 찰스 두엘의 실언, "발명할 것은 이미 다 발명되었다"라는 말이 나온 것도 그런 이유에서일 것이다.

하지만 적어도 아직까지는 시대가 흐를수록 특허 등록 건수나 출원 수가 더 많아지고 있다. 왜 일까? 이에 대한 설명으로 등장하는 것이 '거인의 어깨 효과'다. 구글 학술검색 사이트 화면을 보면 '거인의 어깨에 올라서서 더 넓은 세상을 바라보라'는 문구가 나온다. 거인의 어깨 위에 서서 앞을 바라보면 더 멀리까지 볼 수 있다는 것이다. 이는 선구자들의 연구결과를 기반으로 더 좋은 것들을 개발해낼 수 있다는 의미다.

Google
학술 검색

● 전체 웹문서 ○ 한국어 웹

거인의 어깨에 올라서서 더 넓은 세상을 바라보라 – 아이작 뉴턴

 거인들의 어깨에 서라

아이작 뉴턴이 친구에게 편지를 쓸 때 이 숙어를 사용하면서 유명해진 말이다. 이 숙어는 '거인의 어깨 위에 서 있는 난장이들(Dwarfs standing on the shoulders of giants)'이라는 말에서 시작되었는데, 그리스 신화에서 케달리온이 오리온의 어깨에 올라서서 그를 동쪽 바다로 이끌어간 것에서 유래한다.

오리온은 키오스 섬의 왕녀 메로페와 사랑에 빠졌는데, 그를 사위로 인정하지 않고 계속 혼인식을 미루던 왕 오에노피오는 오리온을 장님으로 만든다.

오리온은 눈을 뜨기 위해 동쪽 바다로 가야 했기에, 먼저 헤파이스토스의 대장간으로 가서 케달리온이라는 헤파이스토스의 조수를 사로잡고, 그를 제 어깨에 올려놓고는 길 안내자로 삼았다. 케달리온은 오리온을 바다로, 산으로 이끌었고, 둘은 마침내 가장 먼 동쪽 바다에 도달하여 오리온은 떠오르는 햇빛에 의해 시력을 되찾게 된다.

다른 사람들이 먼저 그 아이디어를 내서 더 이상 다른 아이디어를 내지 못하는 것이 아니다. 그 아이디어를 발전시키고 새롭게 적용해 더 좋은 아이디어를 낼 수 있다고 생각하는 식으로 발상의 전환이 필요하다.

6) 한 가지에만 미쳐라?

> **창의성은 다양성의 가치를 존중한다.**
>
> – 미상

창의적으로 되기 위해서는 한 가지에 미쳐야 한다고들 말한다. 인간의 시간이나 자원은 한정되어 있기 때문에 한 분야를 열심히 파고드는 사람이 적어도 그 분야에서는 다른 사람보다 더 잘할 거라 여기는 것은 얼핏 보면 당연한 결론인 듯하다. 몰입Flow이라는 용어를 그런 측면에서 해석하기도 한다.

그러나 역사상 가장 창의적이었다고 평가받는 다 빈치를 비롯한 많은 창의적인 사람들은 다양한 분야에 조예가 깊은 르네상스인Renaissance man으로 알려진다. 어떤 문제를 해결하기 위해 그 문제에 집중하는 것은 맞지만, 전반적인 창의성을 높이기 위해서는 많은 경험을 통해 다양성을 높여야 한다.

창의력 향상을 위해서 '수평적 사고'를 강조한 드 보노는 "같은 구멍을 아무리 깊게 파더라도 다른 장소에 구멍이 뚫리는 것은 아니다"라며 사물을 바라보는 새로운 관점과 접근 방법을 강조했다. 그는 ❶ 기존의 가설이나 제약에서 탈피해 자유롭게 사고할 것, ❷ 항상 문제를 제기할 것, ❸ 창의적 사고를 갖출 것, ❹ 논리적 사고에 부합할 것의 네 가지를 수평적 사고의 기본 요소로 제시했다. 마찬가지로 칙센트미하이는 창의성 있는 사람들은 수렴과 확산이라는 두 가지 상반된 사고방식을 복합적으로 사용하는 경향이 있다고 말한다.

칙센트미하이는 창의적인 사람들을 대표하는 성향으로 '복합성'을 꼽았다. 그는 창의적인 사람들은 ❶ 대단한 활력을 갖고 있으면서도 조용히 휴식을 취할 줄 알고, ❷ 명석하면서도 천진난만한 구석이 있으며, ❸ 장난기와 극기 또는 책임감과 무책임이 혼합된 모순적인 성향이 있고, ❹ 한편으로는 상상과 공상, 또 한편으로는 현실에 뿌리박은 의식 사이를 오가며, ❺ 외향성과 내향성이라는 상반된 성향을 함께 갖고 있고, ❻ 매우 겸손하면서도 자존심이 강하며, ❼ 어느 정도 전형적인 성 역할을 벗어나 남성성과 여성성을 복합적으로 가지고 있고, ❽ 반항적 · 개혁적이면서 동시에 보수적 · 전통적인 성향을 갖고 있으며, ❾ 자신의 일에 매우 열정적인 동시에 극히 객관적이 될 수 있고, ❿ 개방적이며 감성적인 성향으로 인해 종종 즐거움뿐 아니라 고통과 역경을 겪는다는 10가지 측면에서 복합성을 나타낸다고 한다.

한 가지 일에 집중하는 것은 창의적이 되는 데 큰 방해야 되지 않겠지만 극단적으로 본다면, 계속 한 가지 일에만 관심을 갖고 집중하게 될 경우 창의력을 높이는 데 걸림돌이 될 수도 있다.

7) 아이디어가 잘 나오는 장소가 있다?

> **같은 장소에 머물러서는 창의적일 수 없다.**
> — 앤디 로 *Andy Law*

사람마다 창의적인 아이디어가 잘 나오는 시간이나 장소가 있다고 한다. 당송 8대가 중의 한 사람인 구양수는 마상(馬上)·침상(枕上)·측상(廁上), 즉 말 위, 잠 자리, 화장실에서 영감이 많이 떠오르고 공부도 잘 된다고 했다. 프랑스 물리학자 푸앵카레와 미국 물리학자 캐논도 침대 위를 생각하기 좋은 장소로 꼽았다.

프랑스 물리학자 피에르 퀴리, 이탈리아 물리학자 엔리코 페르미, 독일 물리학자 헬름홀츠는 숲 속이나 풀밭과 같이 푸른 자연 속에서 창의적 아이디어가 가장 잘 떠오른다고 밝혔다. 19세기 이탈리아 소설가 이폴리토 니에보는, 다 빈치를 비롯한 많은 창의력의 대가들이 다녀간 이탈리아 북부 코모 호수의 가장 아름다운 마을 벨라지오를 다녀

온 후 이렇게 말했다. "팔레르모(이탈리아 시칠리아의 항구도시)에서의 한 달을 벨라지오에서의 하루와 기꺼이 바꾸겠다."

물론 아무 문제의식 없이 숲 속을 산책한다고 해서 저절로 아이디어가 나오지는 않는다. 끊임없이 생각하고 고민하다가 이러한 장소에서 여유를 가질 때 좋은 발상이 떠오른다는 의미다.

《고도를 기다리며》로 노벨문학상을 수상한 사무엘 베케트는 목욕탕에서 '부력의 원리'를 깨달아 유레카를 외친 아르키메데스와 같이 욕조에 앉아 목욕할 때 영감이 잘 떠오른다고 했다.

술(酒) 한 말에 시 100편을 지었다고 전하는 이백(이태백)은 술을 마신 다음, 독일의 시인 프리드리히 폰 실러는 썩은 사과 냄새를 맡을 때 영감이 잘 떠오른다는 독특한 답을 했다. 에디슨은 집 앞 낚시터에서 아이디어를 떠올렸는데, 그는 물고기가 낚이기라도 하면 아이디어를 방해할까 봐 낚시 바늘에 미끼를 끼우지 않았다고 한다.

어떤 사람들은 창의성을 높이기 위해 색다른 장소를 찾아가기도 하고, 어떤 회사는 본사 위치를 옮기기도 한다. 물론 위의 사례들에서 알 수 있듯이 자신이 가장 좋아하는 창의적인 장소는 지극히 개인적인 취향에 따른다. 다시 말해 마음먹기에 따라 아이디어를 떠올리기 좋은 장소는 얼마든지 달라질 수 있다.

8) 새로운 무언가를 만들어내라?

> **창의성이란 선생과 제자가 한 사람 안에서
> 함께 이루어내는 학습과정의 한 종류다.**
>
> – 아서 쾨슬러 *Arthur Koestler*

사람들에게 창의적인 생각을 하라고 하면 보통 '무엇을 생각해낼까'에 초점을 맞춘다. 물론 창의성은 새로운 어떤 것을 생각하고, 만들어내는 일과 관련되어 있다. 그러나 '무엇'에 초점을 맞추다 보면 쉽게 좋은 생각이 떠오르지 않는다. 그보다 중요한 것은 '어떻게' 창의적인 생각을 할 것인가 하는 점이며, 그렇게 창의성을 발휘하게 해주는 일련의 과정을 통하여 창의적인 생각이 흘러나오게 된다.

우리나라 대표 창의성의 아이콘인 이어령 박사는 "창조성을 발휘한다는 것은 '무엇'이 아니라 '어떻게'의 문제라고 늘 생각해왔다"라고 한다. 창의성은 깨달음과 이해의 과정을 통해 얻을 수 있다. 대상 또는 사물의 현상에 대한 깊이 있는 이해가 있을 때 안 보이던 것이 보이면서 발상이 떠오르는 것이다.

칙센트미하이도 《창의성의 즐거움》에서 자신이 다루고자 하는 창의성이란 '문화 속에서 어떤 상징영역을 변화시키는 과정'을 의미한다고 밝히고 있다. 그는 창조 과정은 직선적이 아니라 순환적이라고 하며 창조 과정을 다섯 단계로 설명한다.

"첫째는 준비 단계로, 작가가 의식적이든 아니든 흥미롭고 호기심을 불러일으키는 일련의 문제에 깊이 빠져드는 단계다. (…) 두 번째 단계는 잠복기로, 이 시기에는 아이디어들이 의식의 문지방 밑에서 맴돌며 특별한 연결고리를 만들어낼 수 있다. (…) 창조 과정의 세 번째 단계는 깨달음으로, 흔히 우리가 '아하!' 하고 외치는 순간이다. 아르키메데스가 욕조 안에서 '유레카!' 하고 외친 순간과 같으며 마지막 퍼즐의 조각이 맞춰지는 순간이다. (…) 네 번째는 평가 단계로 어떤 깨달음이 과연 추구할 만한 가치가 있는지 없는지를 판단하는 여과 과정이다. (…) 다섯 번째는 완성 단계로 에디슨이 '발명은 1퍼센트의 영감과 99퍼센트의 땀으로 이루어진다'고 말한, 바로 그 단계다."

창의적인 아이디어는 정말 이런 과정을 거쳐 나올 수 있다. 하지만 실제로 더 중요한 것은 의식적으로 다르게 보고 다른 아이디어를 내려는 노력이며, 또 그 결과 새로운 아이디어가 나와야 한다. 이 책의 제3부에서는 창의적인 사고를 위한 테크닉을 다룬다. 이것들을 현실 문제에 하나하나 적용한다면 더 수월하게 새로운 아이디어를 이끌어낼 수 있을 것이다. 그러한 의미에서도 역시 창의성은 '어떻게'라는 과정이다.

3장
생각에 날개 달기

모든 것은
마음에 달렸다
일체유심조
一切唯心造

화엄경

미운 오리새끼가 백조가 될지, 그냥 오리로 남을지는 마음먹기에 달려 있다. 모든 사람이 창의성이라는 인간의 본성을 가지고 태어나지만 대부분은 스스로 '창의성이 없다'고 여기며 오리의 모습인 채로 그냥 살아간다. 물론 단순히 자신을 창의적인 사람으로 인식하고 말라는 것은 아니다. 자신을 창의적이라고 생각하는 데서 출발해서, 이 책에서 제시하고 있는 창의성을 발휘한 많은 사례들을 보고, 보다 창의적이 될 수 있도록 준비하고, 훈련하고, 생각하라는 것이다.

철강왕 앤드류 카네기는 이렇게 말했다. "보통 사람은 자신의 일에 자신이 가진 에너지와 능력의 단지 25퍼센트만을 투입하지만, 세상은 자기 역량의 50퍼센트를 투입하는 사람에게 경의를 표하고, 100퍼센트를 쏟아붓는 극히 드문 사람에게 머리를 조아린다." 창의력에 관해서도 마찬가지로 대부분의 사람들이 자신의 능력을 쏟아붓지 못하고 있다.

창의적인 사람이 창의적으로 생각하고, 창의적으로 행동하는 것은 당연하다. 하지만 반대로 자신을 창의적이라고 생각하고 창의적으로 행동하다 보면 점점 창의적으로 되어가기도 한다. 사람들은 마음가짐에 따라 다르게 생각하고, 다르게 행동한다. 자신이 불행하다고 여길 때와 행복하다고 여길 때의 생각과 행동은 아주 다르다. 성공의 경험을 많이 쌓은 사람의 생각과 실패의 경험을 많이 쌓은 사람의 생각 역시 다르다. 마찬가지로 자신이 창의적이라고 생각할 때 떠오르는 발상과 그렇지 못하다고 생각할 때 떠오르는 발상도 크게 다를 수밖에 없다.

사람들에게 "당신은 창의력이 있습니까?"라고 질문하면 그렇다고 대답하는 사람은 거의 없다. 특히 공부를 잘하는 사람일수록 자신은 창의력이 없다고 생각하는 경향이 있다. 행정고시에 합격한 27명에게 스스로 창의력이 있다고 생각하는지 물었더니 그중 단 네 사람만이 자기가 창의력이 있다고 대답을 했다. 사람들은 창의력을 무엇인가 특별한 능력으로 생각하고 자신과는 거리가 있는 것으로 여긴다.

　　위 그림은 착시 현상을 보여주는 대
표적인 예이다. 어떻게 보는가에 따라 젊은 여성으로 볼 수도 있고, 나
이든 여성으로 볼 수도 있다. 젊은 여성은 비스듬하게 뒤쪽을 바라보
고 있고, 나이든 여성은 고개를 숙여 아래를 보고 있다.

　아래 그림은 '루빈의 술잔'으로 알려진 것으로, 덴마크의 심리학자
루빈이 고안한 다의(多義) 그림이다. 검은색을 보면 두 사람이 마주보
고 있는 모습이고, 가운데 하얀색을 보면 아름다운 술잔이 있다.

위의 그림은 앞의 '루빈의 술잔'을 발전시킨 것이다. 할머니와 할아버지가 마주보고 있는 모습, 술잔으로도 볼 수 있지만 할머니와 할아버지 얼굴에서 각각 모자를 만지고 있는 사람과 기타를 치고 있는 사람을 발견할 수 있고, 이들이 기둥이나 가구에 기대어 있는 것도 볼 수 있다. 더 유심히 보면 할아버지 귀에서 문을 나오는 여인을 발견할 수도 있다. 단순한 그림도 보기에 따라 이렇게 달라지는데 사람이나 세상이야 두말 할 나위가 없다.

논리학이나 심리학에서 프레이밍 framing이라는 용어를 많이 사용한다. 프레이밍이란 세상이나 사물을 보는 '틀 짜기'라는 말로 해석될 수 있는데, 각 개인이 일생을 통해 만들어온 정신적·감정적인 여과장치로 작용한다. 우리는 이 여과장치를 통해 세상을 보고 이해한다. 그리고 세상을 보는 마음의 창인 프레임을 바꾸면 세상이 다르게 보인다.

세상을 보는 마음의 창,
프레임을 바꾸면 세상이 다르게 보인다

　가장 유명한 프레이밍의 사례 중 하나가 물이 절반 들어 있는 유리
잔에 관한 것인데, 어떤 사람은 반이나 채워져 있다고 보지만 어떤 사
람은 이미 반이 비어 있다고 본다. 의사가 중요한 수술을 앞둔 환자에
게 "수술하시면 생존할 확률이 90퍼센트입니다"라고 말하는 것과 "수
술을 하시면 사망할 확률이 10퍼센트입니다" 하고 말하는 것은 완전
히 다르게 받아들여진다. 물론 이 유리잔을 정지된 한 장의 사진으로
보는 것이 아니라 물을 채우거나 마시는 과정 중의 한 장면이라는 흐
름 속에서 보는 것이 더 중요할 수 있다.

정지해 있는 것이 아니라
물을 채우거나 마시는 과정의 한 장면이라는
흐름 속에서 바라보자

✱ 생각하는 대로 존재한다

> **네 마음의 모양대로 네가 찾는 것의 모양도 닮아간다.**
> **너는 네가 원하는 것, 그것을 찾게 될 것이다.**
> – 로버트 브라우닝 *Robert Browning*

키프로스의 왕인 피그말리온이 자기가 이상형으로 여기는 여인의 모습을 상아로 조각하여 '갈라테이아'라는 이름을 붙이고 사랑했는데, 이 모습을 본 미의 여신 아프로디테가 그 조각상을 사람으로 바꿔주어 피그말리온은 그 여인과 행복하게 살았다는 신화가 있다.

여기에서 심리학이나 교육학에서 자주 언급되는 '피그말리온 효과'가 나왔다. 이는 '로젠탈 효과'로도 불리는데 사람의 관심이나 기대로 인해서 결과가 좋아지는 현상을 말한다. 자녀교육을 위해 가장 중요한 것이 자녀에 대한 '긍정적인 마음'이라는 말도 있다. 또 식물도 사랑하는 마음을 가지고 키웠더니 더 잘 자랐고, 미워하는 사람의 이름을 붙여주었더니 말라 죽었다는 이야기도 있다.

관심과 기대의 힘으로 자녀를 위대하게 만든 사례는 많다. 미국 대통령 중 재임 기간이 가장 긴 프랭클린 루즈벨트의 어머니는 그가 위대한 인물이 될 것으로 기대하고 전기나 자서전을 위한 기록물과 박물관에 보관할 물품을 위해 그가 어려서부터 사용하던 물건 등을 보관했다고 한다. 어머니의 이런 기대가 루즈벨트를 대통령이 되게 만든 것이다.

다른 사람에 대한 기대가 그 사람을 바꾸는 것보다, 자신에 대한 기대가 스스로를 더 빠르고 확실하게 바꾼다. 자신이 창의적이라고 생각하면 자신을 창의적으로 만들어 가고, 자신의 일을 사랑하면 자신의 일도 그렇게 변하게 된다.

사람은 자기가 생각하는 그대로 존재한다. 또 간절히 원하면 모두 다는 아닐지라도 많은 일이 이루어진다고 한다. 맥스웰 몰츠는 "성공할 때까지 계속하면 성공한다"라며 성공하는 삶을 사는 비결은 알고 보면 매우 간단하다고 말한다. 창의적이 되는 것도 간단하다. 자신이 창의적이라고 생각하고 다른 사람이 창의적이라고 인정해줄 때까지 계속 창의적으로 생각하고 행동하면 된다.

✱ 실수와 실패를 넘어서라

> **인생 최대의 실수는 또 실수할까 봐 전전긍긍하는 것이다.**
> — 알버트 허버트 *Albert Herbert*

실수가 꼭 나쁜 것은 아니다. 실수를 통해 무엇이 안 되는지 배우기도 하고, 새로운 것을 얻기도 한다. 과학자들은 실수를 발견으로 가는 과정이라고 인식한다. 역사상 유명한 발명이나 발견 중에서 실수나 우연에 의해 이루어진 것들이 얼마나 많은지 안다면 놀랄 것이다. 굿이어 타이어 회사로 유명한 찰스 굿이어는 실수 덕분에 경화고무를 발명했다. 고무 개발을 위해 애를 쓰던 어느 날 난로에 인도 고무와 황을 엎질렀다가 방수가 되고 잘 휘며 심한 추위와 더위에도 잘 견디는 고무를 만드는 비법을 발견한 것이다.

콜럼버스는 잘못된 계산법을 사용했기 때문에 서쪽으로 항해를 하면 인도에 도착할 수 있다고 판단했다. 1484년 포르투갈이 콜럼버스의 항해에 대한 지원 요청을 거부한 것은 지구가 평평하다고 믿은 탓이 아니라 콜럼버스가 인도까지의 항해 거리를 과소평가했다고 결론지었기 때문이었다. 콜럼버스는 지구가 둥글고 둘레는 약 2만 9천 킬로미터라는 프톨레마이오스의 주장을 믿고 항해 거리를 4,345킬로미터로 계산했다. 하지만 이는 인도까지 가는 데 필요한 실제 거리의 약 6분의 1에 불과했다. 당시 배로는 이 거리를 항해할 수 있는 물자를 실을 수가 없었다. 그가 기원전 3세기 에라토스테네스가 밝혀냈듯이 지구 둘레가 4만여 킬로미터라는 사실을 알았다면 서쪽으로 항해를 떠나지 못했을 것이다. 그러나 이 계산 실수 덕분에 유럽인들은 아메리카 대륙을 발견할 수 있었다.

실수와 실패를 어떻게 받아들이는가? 그것에 따라 자신을 발전시킬 수 있는지 여부가 달려 있다. 창의성의 발전에 있어서도 마찬가지다. 가장 나쁜 것은 두려움이다. 실패에 대한 두려움, 미지에 대한 두려움, 비난에 대한 두려움…. 이러한 두려움을 극복하고 실패를 성공의 어머니로 받아들이면 창의적 아이디어를 생각해내고 성공할 수 있는 것이다.

토머스 에디슨은 "나는 1,000번 실패했다고 말하지 않겠다. 실패할 수 있는 1,000가지 방법을 발견했다고 말하겠다"라고 했다. 그는 성공으로 가는 길은 오로지 실패를 통해서일 뿐이라고 강조했는데, 이런 자세 덕분에 그는 1,093개의 미국 특허권을 자신의 이름으로 소유할 수 있었다.

구글의 공동창업자인 래리 페이지는 구글 검색엔진을 구상했을 때 자신의 컴퓨터에 인터넷상의 자료 전체를 다운로드받으려고 했다. 이 계획이 실패한 후 인터넷상의 자료 전체가 아니라 링크들만 전부 다운받아 순위를 매기는 오늘날의 구글이 탄생하게 되었다.

의학의 진보 중 많은 경우도 실수나 우연의 결과였다. 1928년 플레밍의 조수는 실수로 실험실 창문을 열어둔 채 퇴근했는데 이때 밖에서 날아들어 온 곰팡이 균이 배양 중이던 포도상구균을 오염시켰다. 플레밍은 이 순간 포도상구균 배양기에 발생한 푸른곰팡이 주위에는 세균이 자라지 않는 사실을 발견했고 덕분에 최초의 항생물질인 페니실린이 탄생할 수 있었다. 실험 도중 배양기에 다양한 곰팡이 포자가 떨어질 수 있는데, 그때 유독 항생제를 생산하는 곰팡이가 배양기에 떨어진 것도 또 다른 우연이다.

파스퇴르의 조수는 실험용 닭에게 콜레라 박테리아를 주입하는 것을 잊어버리고 있다가 며칠 후에 주사하는 실수를 했는데 이 며칠 동안 주사기에 들어 있던 병원균이 약화되어 그 닭들은 죽지 않고 오히려 콜레라에 저항력을 갖게 되었다. 이 과정에서 면역학의 과정이 발견되었고 병원균에 의해 전염되는 많은 병에 대한 백신을 만드는 계기가 되었다.

실수나 실패가 꼭 그 자체로 문제가 되지는 않는다. 이것을 잘 극복하면 더 큰 성공으로 이끄는 계기로 삼을 수 있다. "당신이 할 수 있다고 생각하든 할 수 없다고 생각하든 그것은 당신의 마음에 달려 있다"는 헨리 포드의 말처럼 실수가 나를 망쳤다고 생각하면 자신을 망치게 되고 실수가 나를 성공으로 이끈다고 생각하면 성공하게 된다.

✱ 한계를 인정하지 마라

> **모든 사람은 자기가 할 수 있다고 생각하는 것보다 더 할 수 있다.**
>
> – 헨리 포드 *Henry Ford*

'상자 밖에서 생각하라'는 말이 있다. 숲 속에서는 숲을 볼 수 없다. 또 현재 있는 것을 문제로 보지 않으면 개선책이나 발명과 같은 해결책도 나오지 않는다. 주어진 상자 밖으로 나갈 때에야 보이지 않던 것이 보이기 시작하고, 당연하게 여기던 것에 의문을 갖기 시작하게 된다.

에드윈 랜드가 즉석카메라인 폴라로이드를 개발한 것도 상자 밖으로 나간 딸의 질문에서 시작되었다. 가족 여행 중 사진을 찍은 후, 곧바로 사진을 보고 싶어 하는 딸이 "아빠, 사진 볼 수 있어?"라고 물었을 때였다. 그는 왜 바로 사진을 볼 수 없는지 대답을 하다가 딸이 실망하는 모습을 보고는 그 질문을 문제로 보기 시작했고, 결국 폴라로이드를 개발했다.

다른 사람들이 당연하다고 생각하는 것을 다르게 보는 유연성에서 창의성이 나온다. 이승한의 《창조바이러스 H2C》에는 종로타워의 꼭대기층 탑클라우드를 건축한 과정에 대한 이야기가 나온다. 용적률의 제한을 받는 서울 시내에서 종로타워를 세우면서 꼭대기층을 아래층으로부터 분리시켜 높이를 높이고 용적률이라는 제한을 넘어섰다. 너비 60미터, 폭 40미터, 높이 11.5미터에 무게가 4,300톤이나 되는 대형 구조물인 탑클라우드는 기존 건물의 옥상 위 공중에 UFO처럼 띄워졌고, 종로타워는 서울의 또 하나의 랜드마크가 되었다.

자기 능력의 한계는 자신이 상상하는 범위까지라고 한다. 자신에 대한 한계, 상황에 대한 한계를 인정하지 않는 지점에서 무한한 창의성이 솟아난다.

> **"** 나는 일생 동안 단 하루도 일하지 않았다.
> 모든 것이 놀이였을 뿐이다. **"**
> — 토머스 에디슨 *Thomas Edison*

에디슨은 오늘날까지 최고의 발명가로 꼽힌다. 그러나 어린 시절을 보면 그가 이러한 사람이 될 것이라고는 누구도 상상하지 못했다. 그가 학교에 다닌 지 3개월도 안 되어 담임선생님은 그의 어머니에게 더 이상 가르칠 수 없으니 집으로 데려가라고 했다. 청소년기에 그는 열차에서 신문을 만들어 팔다가 불을 내는 바람에 차장에게 뺨을 맞고 한쪽 고막이 터지기도 했다.

이후 에디슨은 채소를 재배해서 열차를 타고 여러 지역을 옮겨 다니며 팔았다. 그런데 이때 기차에 치여 죽을 뻔한 역장의 아들을 위험에서 구해준 것이 그에게 행운으로 다가왔다. 고마워하던 역장은 그를 전신회사에 취직시켜주었고, 전신회사에서 3년을 보낸 그는 소리를 녹음하는 축음기 _Phonograph, Sound Writer_ 를 개발하여 각광받는 발명가가 되었다. 전신회사에서 쌓은 경험을 바탕으로 이미 발명되어 있던 전자석 전화기, 탄소봉 확성기와 소리를 녹음하는 기계를 결합하여 축음기를 만들었던 것이다.

이후 에디슨은 상업적 마인드와 발명가적 기질을 결합하여 최고의 성공을 거두게 된다. 그는 발명 전문회사를 설립하여 분업과 전문화라는 대량생산*mass production*의 원칙을 발명에 적용한 최초의 발명가가 되었으며 오늘날 제너럴 일렉트릭(GE)의 전신이 되는 전기회사를 설립하기도 했다.

그가 의회에서 사용할 수 있도록 개발한 자동투표기록기는 발명의 성공에도 불구하고 사업적으로는 완전히 실패했다. 채소장사의 경험과 자동투표기록기의 실패는 그로 하여금 발명을 통한 이익 실현의 중요성을 인식하도록 만들었다. 에디슨은 이렇게 말했다.

"팔리지 않는 것은 만들고 싶지 않다. 판매가 유용성의 증거고, 유용성이 곧 성공이다."

T H

I N K

I N G

제 2부
생각의 힘
기르기

> 만약 창조적이고 싶으면,
> 당신의 **호기심**이
> 이끄는 곳으로 따라가보라.
> 그리고 무언가를 해보라.
> 다양한 경험을 많이 쌓아보라.
>
> **루이 라무르** *Louis L' Amour*

창의성 기초체력 자체가 창의력을 높여주는 것은 아니지만 이러한 기초체력을 통해서 창의력을 보다 높일 수 있는 기본기를 갖출 수 있다. 달리기를 잘 한다고 꼭 축구를 잘하는 것은 아니지만, 축구를 잘 하기 위해서 잘 달리는 것은 중요하다. 즉 창의성 기초체력 다지기를 창의력을 높이기 위한 필요조건으로 인식하면 될 것이다. 이 장에서 창의성의 기초체력을 다질 수 있는 여덟 가지 기본방식을 읽고 실천해보자.

창의력의 기본은 생각하는 힘이다. 생각하는 힘을 기르기 위해서는 ❶호기심을 가지고 사물, 사람, 세상, 모든 것을 바라보아야 하고, 문제가 풀릴 때까지 또 문제가 풀리면 새로운 문제를 만들어서라도 계속 생각해야 한다. 많은 사람들이 한번쯤은 경험했겠지만 필자도 박사 논문을 쓸 때 어떤 문제에 대한 해결책을 찾으려 오래 고민하다가 갑자기 해결방안이 떠올랐던 경험이 있다.

또한 창의력은 훈련이다. 아무리 창의적으로 태어난 사람이라고 할지라도 훈련받지 않으면 그 창의성을 제대로 발휘할 수 없게 된다. ❷감각을 키우고, ❸고정관념에서 벗어나 지속적으로 문제에 대해 생각하는 노력을 해야 한다. 물론 가만히 앉아 있는 것보다는 낫지만 무작정 몸을 움직인다고 해서 체력이 좋아지지 않고 근육이 형성되지 않는 것처럼 창의력도 체계적인 훈련을 통해 길러지는 것이다.

다양한 생각과 훈련을 위해서는 다양한 경험이 필요하다. 경험에는 ❹책을 읽거나, ❺집단이 제공하는 지식을 이용하는 간접경험과, ❻사람을 만나거나, ❼여행을 하는 직접경험이 있다. 실제 삶에서 얻은 개인적 경험이 문제의식을 높이는 데 가장 큰 역할을 하는 것은 당연하다. 경험이 다양할수록 창의성을 발휘하는 영역도 넓어지고 깊어지고 높아진다. 따라서 나중에 어떤 분야로 진출하는가와 관계없이 어릴 때부터 풍부하고 다양한 경험을 쌓는 것이 도움이 된다. 데이브 앨런은 "아이디어를 생각나게 하는 자극의 질과 독창성이 도출될 아이디어의 질과 독창성을 결정한다"를 창의성의 첫 번째 원칙으로 제시하고 있다. 좋은 자극이 있으면 창의성이 생기게 되고, 생각하지 못했던 독특한 연관관계를 만들어낼 수 있다는 것이다.

물론 경험이 항상 좋은 것은 아니다. "자라 보고 놀란 가슴 솥뚜껑 보고 놀란다"라는 말처럼 불에 데어본 아이는 불 근처에 가지도 않으려고 하는 문제가 생기기도 한다. 또한 물리적으로 모든 것을 직접 경험할 수도 없다. 따라서 다른 사람의 경험을 활용하고 다른 사람을 때로는 교사로, 때로는 반면교사(反面教師)로 삼아 자신의 경험을 보충할 필요가 있다.

마지막으로 강조하고 싶은 것은 ❺메모이다. 자신의 생각과 훈련, 여러 가지 간접경험과 직접경험을 통해 얻은 것을 보다 잘 활용할 수 있도록 적극적으로 메모하라.

호기심

아이들은
물음표와 함께
학교에 입학해서
마침표와 함께
졸업한다.

닐 포스트먼 *Neil Postman*

가정, 학교, 직장…. 어디에서든 발전하는 사람의 가장 큰 특징은 세상에 대한 호기심이다. '왜?(Why?)'라는 의문을 가지고 세상을 보는 사람은 이 호기심을 통해 배움에 대한 열의가 생기고 이 열의로 인해 발전을 이루게 된다. 존 메디나는 《브레인 룰스》에서 여러 가지 두뇌 법칙

계속해서 새로운 발견을 해내는 학자와
그렇지 못한 학자.
그 둘의 차이가 바로 호기심의 차이다.

들을 제시하며, 그중 가장 위대한 법칙이라고 믿는 것은 '호기심의 중요성'이라고 밝히고 있다. 또한 칙센트미하이는 창의적인 삶을 향한 첫 번째 단계가 호기심과 관심의 계발이라고 강조한다.

그러나 오늘날 학교교육은 학생들의 호기심을 키워주지 못하고 있다. 포스트먼뿐만 아니라 미칼고 등 많은 사람들은 학교교육이 오히려 호기심을 죽인다고 비판한다. 아인슈타인은 "정규교육 속에서 호기심이 살아남는 것은 일종의 기적이다"라고까지 말했다.

창의적인 교육에 도움이 될 만한 법칙을 소개하겠다. 성공적인 광고를 위한 AIDMA 법칙이다. 'Attention(주의를 끈다), Interest(흥미를 돋운다), Desire(욕구를 일으킨다), Memory(기억시킨다), Action(행동에 옮기게 한다)'의 첫 글자를 딴 것인데 성공적인 교육을 위해서는 이 법칙이 학교의 교육에도 적용되어 먼저 배우는 사람의 호기심을 자극해야 할 것이다.

보통 천재는 세상 모든 것에 관심이 많고 호기심을 꾸준히 유지하는 사람이라고 한다. 에디슨이 죽을 때까지 발명을 계속할 수 있었던 것은 그가 계속 호기심을 유지했기 때문이다. 많은 학자들이 지속적으로 업적을 내는 것도 마찬가지로 그치지 않는 호기심 덕분이었다. 계속해서 새로운 발견을 해내는 학자와 그렇지 못한 학자의 차이는 바로 호기심의 차이에서 비롯된다.

맛있을까? 저 사과. 사과는 익으면 왜 빨개질까? 사과는 왜 동그랄까? 먹어도 되나? 백설 공주는 왜 사과를 먹었을까? 원숭이 엉덩이는 사과만큼 빨갈까? 화살로 정말

미래창조과학부의 '물음 캠페인'

최근 미래창조과학부의 '물음 캠페인'에 나오는 아이들의 질문은 호기심 있는 아이들은 누구나 해볼 만한 질문이다. 그런데 아이들이 자라면서 그 호기심은 싹이 잘려버린다. 그로 인해 자신이 가진 창의성을 계발하지 못하고, 창의적이지 못한 사람으로 자신을 퇴보시키는 것이다. 우리는 익숙해지면 오히려 바로 눈앞의 것도 보지 못하게 된다. 당연하게 보이는 것들에 대해 의식적으로 질문을 하고, 주변의 것을 다르게 보려고 노력해야 호기심을 유지할 수 있는데도 말이다.

컨설턴트들은 '5 Why 질문법'이라는 컨설팅 기법을 사용하기도 한다. 해결해야 할 문제가 주어지면 '왜 이 문제가 생겼는가?'라고 질문을 한다. 문제에 대한 원인이 나오면 '그 원인은 왜 발생했는가?' 하고 다시 질문을 한다. 이렇게 다섯 번 연속해서 질문하다 보면 궁극적인 원인을 찾게 되고, 거기에서 해결책도 발견하게 된다는 것이다.

이 방법은 토요타의 창설자인 도요다 사키치가 개발한 것으로, 켄터키 조지타운에 있는 토요타 공장 정문 위에는 '뭔가 잘못된 것이 있으면, 왜 그렇게 되었는지 다섯 번 질문하자'라고 적혀 있다. SERICEO의 〈생각 뒤집기〉 코너에서 창의력연구소 박종하 대표는 제퍼슨 기념관에서 대리석이 심각하게 부식되는 것을 방지하기 위해 어떻게 5 Why 질문법을 사용했는지 설명하고 있다.

첫 번째 Why : 왜 대리석이 빨리 부식되는가?
⇨ 비눗물로 바닥을 자주 씻기 때문에.

두 번째 Why : 왜 비눗물로 바닥을 자주 씻는가?
⇨ 비둘기가 자주 와 배설물이 많이 떨어져서.

세 번째 Why : 왜 비둘기가 자주 오는가?
⇨ 비둘기가 좋아하는 거미가 많아서.

네 번째 Why : 왜 거미가 많은가?
⇨ 거미의 먹이인 나방이 많이 몰려들어서.

다섯 번째 Why : 왜 나방이 많이 몰려드는가?
⇨ 해질 무렵 기념관의 불빛을 보고.

제퍼슨 기념관은 다섯 번에 걸친 '왜(Why)?'라는 질문을 통해 '기념관의 전등을 두 시간 후에 켜라'는 해결책을 얻어 문제를 풀었다.

영어에서 'wonder(호기심을 가지다)'가 'wonderful(훌륭한)'의 어근이 되는 것처럼 훌륭한 것은 호기심에서 나올 수밖에 없다. 역사상 가장 창의적이었던 사람으로 꼽히는 다 빈치는 가장 호기심이 많았던 사람으로도 잘 알려져 있다. 《레오나르도 다 빈치처럼 생각하기》를 통해 다 빈치가 남긴 메모에서도 그의 호기심은 잘 드러난다.

> "내가 이해하지 못하는 것들에 대한 해답을 찾으면서 시골길을 거닐었다. 어째서 흔히 바다에서 발견되는 산호초와 식물과 해초의 흔적 그리고 조개껍데기가 산꼭대기에서도 발견되는 걸까? 왜 천둥은 그것을 일으키는 시간보다 여운이 더 오래 지속될까? 또 번개가 치면, 어째서 천둥이 그 뒤를 따라 이어질까? 돌이 떨어진 수면 위로 생기는 원은 얼마나 다양하며, 새는 어떻게 공중에서 버티고 있을 수 있을까? 이런 이상한 현상들에 대한 질문이 평생토록 내 생각 속에 자리 잡고 있다."

동양인 최초로 1930년 노벨물리학상을 받은 인도의 찬드라세카르 라만은 지중해를 여행하던 중, 배 위에서 한 호기심 많은 아이가 엄마에게 "왜 바닷물은 파란색이야?"라고 묻는 모습을 보았다. 그러고 나서 그 호기심에 대한 답을 찾다가 산란된 빛의 일부가 입사한 파장과 다른 값을 갖게 되는 '라만효과'를 발견했다.

그렇다면 어떻게 호기심을 키울 수 있을까? 칙센트미하이는 흥미와 호기심을 키우는 방법으로 다음 네 가지를 제안한다.

1. 매일 무언가에 놀라움을 느껴본다.

2. 매일 적어도 한 사람을 놀랜다.

3. 매일 자신이 경험한 것들을 기록한다.

4. 무언가에 흥미가 당길 때 그것을 따라간다.

호기심을 기르기 위해서는 배우려는 자세가 가장 중요하다. 호기심은 사물과 주변을 이해하려고 할 때 발동된다. 무엇이든 주의를 기울이면 학습이 되는 것처럼 호기심 역시 마찬가지다. 생활에서 얻은 개인적 경험, 현재 당면한 문제와 기존에 가지고 있던 지식, 사회적 환경과 현장이 주는 영향 등이 결합되어 호기심을 불러일으키는데, 이에 대해 관심을 갖고 호기심을 유지하려고 노력하면 된다.

'왜?'와 '어떻게?'라는 질문을 품고 한 문제, 한 문제를 접근해가다 보면 놀라울 정도로 지식이 깊어지고, 다른 문제도 호기심을 갖고 바라보게 된다. 질문을 할 때 **예** 또는 **아니오**로 답이 나오는 '닫힌 질문'을 피하고, **누가** 또는 **어떻게**로 질문을 시작해 수많은 가능성을 열어주는 '열린 질문'을 해야 한다. 호기심에서 출발한 우리의 질문은 우리 삶과 세상에 새로운 가능성을 열어줄 것이다.

호기심 많은 사람은 재미있다. 그런 사람들은 사물의 이면을 보려고 노력하고, 사고도 유연해서 질문 자체가 신선하고 다른 사람의 의견에 귀를 열어둔다.

유머 자체가 창의력을 키우는 역할을 한다는 의견도 많다. 유머는 창의적인 발상을 위한 비타민과 같다. 유머만으로는 창의성을 키울 수 없겠지만 실제로 유머는 창의력을 높이는 데 좋은 작용을 한다. 그러나 비웃음은 안 된다. 브레인스토밍과 같은 집단의 창의성을 높이는 방법에서 가장 피해야 할 요소가 바로 비웃음과 비난이다. 이것이 창의적인 아이디어를 낼 수 있는 용기를 빼앗아 창의성을 없애기 때문이다.

호기심은 머리를 쓰는 것과도 관련이 깊다. 고 정주영 회장은 "머리를 쓰며 살아라. 빈대도 머리를 쓰며 사는데…"라고 입버릇처럼 말했다고 한다. 그는 한겨울에 잔디 대신 보리를 심어 부산 유엔군 묘지를 푸르게 만드는 공사를 했고, 폐 유조선으로 단번에 물길을 막아 서산 간척지 공사를 마무리하는 등 창의적인 발상을 통해 여러 사업을 성공시켰다.

이 책에 나오는 대부분의 방법들은 어떻게 보면 두뇌를 훈련시키는 방법이다. 호기심과 흥미를 가지고 두뇌를 훈련시키기 위해 다양한 종류의 게임을 이용할 수도 있다. 예를 들면 보드게임도 두뇌를 단련시키는 좋은 방법이 될 수 있다. 푸에르토리코, 엘 그란데, 카르카손, 보난자, 도미니언, 3 스톤즈, 플럭스, 블로커스, 더블스 와일드 등 수많은 종류의 보드게임이 있다. 친구들과, 자녀들과 함께 가끔 보드게임을 하는 것은 어떨까. 창의력을 키우면서 우정과 유대감도 키울 수 있을 것이다.

2장

감각 훈련

온몸으로
세상을 느껴라

미스 반 데어 로에 *Mes van der Rohe*

창의성의 많은 부분은 다양한 경험에서 나온다. 그리고 이러한 경험을 하려면 주위 환경을 주의 깊게 보아야 한다. '주의를 기울인다'라는 정신적인 인식은 '감각'이라는 수단에 의해 이루어진다. 어떤 문제를 해결하려면 먼저 열린 마음을 가지고 그 문제를 풀기 위한 수단들과 이를 뒷받침하는 요소들을 발견해야 하는데, 이 발견을 위한 시작점이 되는 것이 바로 감각이다.

몇 가지 감각이 있는가에 대해서 딱잘라 대답하기는 어렵지만 일반적으로 시각, 청각, 미각, 후각, 촉각의 다섯 가지 감각을 기본 감각으로 본다. 이외에도 시간감각, 고유감각, 통각(痛覺), 온도감각, 방향감각 등도 중요한 감각들이다.

운동선수가 근육을 발달시키는 훈련을 하듯이 창의성을 기르기 위해서는 감각을 발달시키는 훈련을 해야 한다. 훈련을 할 때에는 각 감각을 분리시키는 것이 효율적일 수 있으나, 창의성 발휘를 위해서는 사용 가능한 모든 감각을 최대한 함께 활용하는 것이 좋다. 한 가지 감각만 존재하는 환경에서는 학습 효과도 떨어진다.

우리 두뇌에서는 감각들이 통합되고 형상화되며, 감각들 사이에서 서로 영향을 미친다. 그중에서도 '형상화'는 오감을 총동원해야 하기 때문에, 이를 위해서는 오감을 사용할 기회를 많이 만들어야 한다. 동물 흉내 내기 놀이나 시각장애인 체험과 같은 것도 특정한 감각을 높이는 데 많은 도움이 된다.

감각들은 서로 상호작용을 하는데, 특히 시각은 청각이나 미각 등에 매우 큰 영향을 미치는 것으로 나타났다. 우리가 소리를 들을 때는 귀로만 듣는다고 생각하지만 눈으로도 듣기 때문에 눈으로 본 것(입술모양)과 귀로 들은 것(소리)의 차이가 있으면 눈을 뜨고 들을 때와 눈을 감고 들을 때 다르게 들린다. 이는 귀로 들은 것과 눈으로 본 것을 두뇌가 조합해서 새로운 것으로 인식하기 때문이다. 이런 현상을 심리학에서는 맥커크 효과 McGurk effece 또는 McGurk's sound illusion라고 한다. 이와 유사

78

하게 시각이 미각에 미치는 영향에 관한 포도주 테스트가 있다. 화이트와인에 무색무취의 색소를 집어넣어 레드와인처럼 보이게 하고 감별 테스트를 하면 최고의 소믈리에들도 레드와인이라고 생각한다는 것이다.

그럼 지금부터 오감과 제6의 감각(육감)이라고 일컬어지는 직관력, 그리고 윌리엄 더건의《제7의 감각 : 전략적 직관》에서 언급되고 있는 전략적 직관에 이르기까지 감각을 어떻게 훈련시킬 것인지 그 방법을 알아보자.

《레오나르도 다 빈치처럼 생각하기》에서 다 빈치는 스스로를 '경험의 사도'라고 칭하고 "내가 보기에 경험에서 탄생하지 않은 과학은 쓸모없고 실수투성이다. 경험이야말로 모든 확신의 어머니다. 창의성이나 수단, 목적이 있는 직접 경험은 다섯 군데 감각 기관 중 한 군데를 지나갔다"라고 했다. 또한 그는 평범한 사람들을 가리켜 "눈이 있으되 보지 못하고 귀가 있으되 듣지 못하며, 감정 없이 만지고, 미각 없이 먹고, 신체를 인식하지 못하고 움직이며, 냄새나 향내를 깨닫지 못하고 숨을 쉬며 생각 없이 말한다"라고 했다.

누구나 나이와 상관없이 관찰기술이나 형상화기술을 연마할 수 있다. 다 빈치가 했던 훈련들을 전부 할 수는 없어도 주어진 현실에 맞는 시각, 청각, 후각, 미각, 촉각 훈련을 통해 자신의 감각 이미지를 인식하고, 형상화할 수 있다.

* 시각 훈련

눈을 훈련하는 것은 관찰력을 기르는 첫 번째 관문이다. 다 빈치가 베로키오의 문하에서 훈련받을 때 처음 한 일이 천 개의 계란을 그리는 일이었다. 똑같아 보이는 천 개의 계란을 그리는 것에 싫증을 내는 다 빈치에게 스승인 베로키오는 천 개의 계란 가운데 똑같은 것은 하나도 없다고 하면서 이 계란들의 미세한 차이를 신속하게 찾아내는 것을 훈련하라고 했다. 이러한 훈련을 거친 다 빈치의 관찰력이 어떠했을지 상상이 가는 대목이다. 다 빈치가 남긴 메모들을 보면 그의 관찰력이 얼마나 대단했었는지 알 수 있다. 그의 관찰력에 대해 마이클 겔브는 다음과 같이 말하고 있다.

> 예를 들면 '새가 나는 것에 관한 논문'에서 그는 비행 중 깃털과 날개의 움직임에 대해서 세세한 부분까지 기록했다. 그런데 느린 동작이 나오는 영화가 개발되고 나서야 레오나르도의 그러한 기록이 얼마나 세밀했는지 확인할 수 있었고 제대로 인정받을 수 있었다.

'볼 수 있으면 그릴 수 있다'는 말이 있다. 손이 그릴 수 없는 것은 눈이 볼 수 없는 것이다. 그냥 보는 것과 관찰은 다르다. 관찰은 생각의 한 가지 방식이고, 또 생각은 관찰의 한 가지 방식이라고 할 수 있다. 따라서 관찰을 위해서는 눈을 훈련시키듯 생각도 훈련시켜야 한다.

시각 훈련과 관련하여 눈을 좋게 하기 위해 안구(눈알) 운동을 하는 방법을 알 필요가 있다. '눈이 좋다'는 것은 책을 읽거나 컴퓨터 작업을 오래 해도 눈이 쉽게 피로해지지 않는다는 의미이기도 하고, 시력이 좋은 것을 말하기도 하는데 안구를 자주 움직여주는 것이 이 두 가지 모두를 위해 좋다.

안구 운동을 하려면 최대한 끝 부분을 보려고 노력하면서 안구를 좌우로 20번, 상하로 20번, 양쪽 대각선으로 각각 20번, 시계방향으로 회전시키면서 20번, 시계 반대방향으로 20번, 눈을 감았다가 번쩍 뜨기 20번 등을 하는 것과 함께 멀리 있는 물체 특히 푸른 숲을 바라보려고 시도하는 것이 좋다. 또한 햇빛에 노출될 수밖에 없는 경우에는 백내장 등 시력 손상을 막기 위해 적절한 선글라스를 착용하여 자외선을 피한다.

눈은 마음의 창이다. 두뇌가 처리하는 정보의 80퍼센트 정도가 눈을 통해 들어오기 때문에 좋은 마음 상태를 유지하려면 되도록 좋은 것을 보려고 노력할 필요가 있다. 좋은 광경이나 나쁜 광경이나 72시간의 잔상효과가 있다고 하니 한번 새롭고 좋은 광경을 많이 보려고 노력해 보자.

또 관찰력을 높이기 위해 어두운 곳에서 특정한 물체를 보려고 시도하거나 텔레비전, 컴퓨터나 마우스같이 생활에서 익숙한 물체를 보지 않고 정확히 그려 보라. 가장 익숙한 물체를 보지 않고 그리다 보면 우리가 생활 속에서 그 물건들을 얼마나 자세히 보지 않는지 깨달을 수 있다. 그냥 넘어가지 말고 정말로 한 번 그려보길 권한다. 어른이 되어서도 데생, 회화, 사진, 도안, 제도 등을 통해 얼마든지 관찰 능력을 높일 수 있다. 관찰력은 미술을 하는 사람에게만 필요한 것이 아니다. 파스퇴르, 로렌스, 데스몬드 모리스를 비롯한 많은 과학자들도 공식적인 미술교육을 받았다.

✳ 제대로 보아라

위기에 처했을 때 모래 속에 머리만 처박는 타조를 보고 사람들은 미련하다고 말한다. 그러나 타조에 관한 이 오해는 사람들이 제대로 보지 못하는 데서 생겨났다. 위험한 상황에 처한 타조가 둥지를 감추기 위해 엎드리는 모습을 보고 타조가 머리를 모래 속에 처박는다고 받아들인 것이다.

사람의 눈은 주위에 있는 사물에 따라 같은 것도 다르게 볼 수 있다. 착시가 일어나는 중요한 이유 중 하나는 두뇌가 외부에서 전달되는 정보를 처리하는 과정에서 발생한다. 시각 정보는 사람의 망막에 있는 약 1억 3천만 개의 수용기를 통해 들어오는데, 한 번에 시신경이 두뇌에 전달할 수 있는 정보는 100만 개 정도이기 때문에 나머지 99퍼센트는 두뇌가 과거의 정보에 기반을 두고 비슷하게 만들어내는 것이다. 호주에서는 달이 더 커 보인다는 말을 들은 적이 있다. 하지만 이

것은 달이 지평선 바로 위에 떠서 산이나 오페라하우스와 같은 건물 옆에 있을 때 보면 더 크게 보이는 착시 때문이다.

오펠쿤트 환영 Oppel-Kunde illusion 사례들

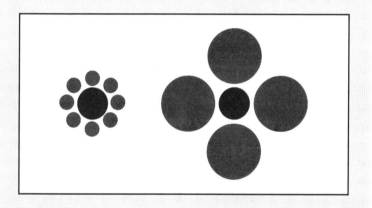

위의 그림에 등장한 두 개의 파란색 원(가운데 원) 중에서 어느 쪽이 더 커 보이는가? 주변에 작은 원들이 있는 왼쪽의 파란색 원이 더 커 보이 지만 실제로 둘의 크기는 같다.

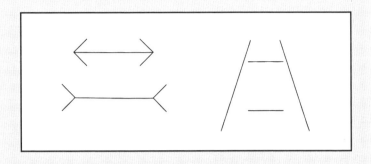

이번에는 각 그림의 위와 아래 두 개의 선 중에서 어느 쪽 선이 더 길어 보이는가? 주변 상황에 따라 길이가 달라 보이지만 실제로 위와 아래 선 분의 길이는 같다.

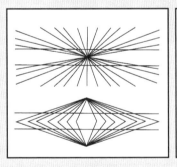

왼쪽 위의 두 선은 평행인 직선이다. 그러나 단위 면적당 선의 숫자가 많 아질수록 점점 더 넓게 보인다. 오른쪽 위의 그림은 착시를 이용한 삼각 대로 뫼비우스의 띠와 같은 성질을 띤다.

관찰을 통해 역사상 위대한 과학적 진보를 이룬 사례가 많다. 먼저 지리학자 알프레드 베게너는 아프리카의 서부해안과 남아메리카의 동부해안이 조각그림 퍼즐처럼 들어맞는다는 사실을 발견한 덕분에 '한때 모든 대륙이 하나로 붙어 있었다'는 판게아Pangaea론을 만들었다. 노벨생리의학상을 수상한 헝가리의 생화학자인 알베르트 스젠트 기요르기는 관찰을 통해 바나나와 같은 식물은 상하면 껍질의 색깔이 검게 변하는데, 오렌지와 같은 식물은 상해도 색깔이 검게 변하지 않는 것을 발견하고 이에 대한 연구를 통해 비타민C를 발견했다. 식물이 함유하고 있는 폴리페놀이 산화작용을 하면 검은색 물질을 만들어내는데 비타민C가 풍부한 식물은 이러한 산화를 방지하기 때문이다.

다른 곳에 주의를 기울이면, 중요한 것도 보지 못할 때가 많다. 하지만 세상의 가능한 모습을 상상하는 창의성은 세상을 있는 그대로 볼 줄 아는 눈에서부터 출발한다. 그것이 주변에 주의를 기울이고 제대로 보는 훈련을 해야 하는 이유다.

✱ 청각 훈련

청각 훈련의 가장 좋은 방법은 음악을 통한 훈련이다. '오버 더 레인보우Over the Rainbow'를 들으며 잠에서 깨고, 모차르트의 '바이올린 콘체르토'를 들으면서 출근하고, 베토벤의 '바이올린 소나타 5번'을 듣고

잠들어보라. 청각을 기르기 위해서는 모차르트, 바하, 헨델, 베토벤 등 클래식을 비롯해 좋아하는 음악부터 듣는 것이 가장 기본이다. 조용한 장소나 시끄러운 장소에서 특정 소리를 집중해서 들으려고 시도하는 것도 한 방법이다. '아라베스크'의 작곡가 로베르트 슈만도 귀의 감응 능력은 음악뿐만 아니라 일상 소리를 듣는 것으로도 키울 수 있다고 했다.

소리를 기억하려고 노력하는 것이 좋다. 최고 연주자와 평범한 연주자를 구분하는 기준은 아주 미세한 차이를 감지할 수 있느냐이다. 같은 곡을 각기 다른 오케스트라가 연주한 음반으로 들어보라. 아인슈타인은 '스즈키 교본'으로도 유명한 일본인 음악교사 스즈키 신이치에게, 상대성이론을 떠오르게 한 직관이 작동하도록 해준 것이 음악이었다고 말했다. 그는 어려서부터 바이올린과 피아노를 배웠고 연구를 하는 중간 중간에 음악을 통해 휴식하며 직관을 길렀다.

사람의 귀로 들을 수 있는 가청추파수는 보통 20~20,000Hz로 알려져 있으나 사람에 따라 혹은 음량에 따라 달라지기도 한다. CD 등을 통해 영어 듣기공부를 할 때 영어가 잘 안 들리다가도 볼륨을 높이면 조금 더 잘 들리는 것도 그런 이유에서다. 우리나라 사람 중에 유독 영어가 안 들린다는 사람이 많은데 그 이유는 대부분의 언어가 기본음_base tones_은 125~250Hz의 주파수 대역을 공통적으로 사용하나, 배음_overtones_의 경우 한국어 음역대가 500~2,200Hz인 반면, 영어는 2,000~12,000Hz(북미 800~3,500Hz)으로 상대적으로 고주파수 음역대

이기 때문으로 설명되기도 한다. 클래식을 좋아하는 사람이나 음악을 전공하는 사람들이 영어를 상대적으로 잘하는 것도 다양한 주파수 대역에 대한 청각 훈련이 되어 있기 때문이다.

《똑똑한 뇌 사용설명서》의 저자 샌드라 아모트와 샘 왕은 절대음감(Absolute Pitch, 다른 톤과의 연관 정보 없이 독립된 음조를 인지하는 능력)에는 유전적 소질과 함께 여섯 살이 되기 전의 적정한 청각 경험이 모두 작용한다고 밝히고 있다. 《크리에이티브 웨이》의 저자 알베르토 올리베리오 역시 특히 음악 분야는 어린 시절의 환경이 중요하다고 강조한다. 다른 분야도 어려서부터 다양한 경험을 쌓도록 하는 것이 중요하겠지만, 특히 음악 분야는 어릴 때의 경험과 훈련이 중요하다는 점을 기억할 필요가 있다. 참고로 절대음감은 성조언어를 사용하는 사람들에게 더 흔히 나타난다. 예컨대 중국인들에게는 음의 높낮이가 말뜻을 구별하는 데 중요한 역할을 하기 때문이다.

물리적으로 귀를 건강하게 하기 위해서 귀를 잡아당기고 비틀고 부비고 때리는 것과 더불어 손가락으로 귓구멍을 잠깐 동안 막았다가 갑자기 떼어 자극을 주는 것도 좋다. 상당기간 소음에 노출되면 가는 귀가 먹거나 청력이 상실될 수도 있기 때문에 무엇보다도 소음에 노출되는 것을 피해야 한다.

청각을 훈련시키기 위해서라도 이왕이면 더 좋은 것을 들으려고 할 필요가 있다. 감정을 자극하는 대중음악이나 우울한 음악은 되도록 피하고, 험담, 질투, 원망하는 얘기도 듣지 않는 것이 좋다. 좋은 음악,

긍정적인 말, 힘을 주는 말, 좋은 말을 들어 청각 훈련과 함께 마음까지 편안해진다면 더 좋을 것이다. 청각 훈련은 노래나 말과도 연결되기 때문에 슬픈 노래를 피하고 즐거운 노래를 부르며 나쁜 말을 피하고 좋은 말을 하도록 하라. 가수들은 자기 노래가사처럼 된다는 말이 있는데, 개그맨 이봉원이 '개그맨도 자기 유행어를 따라간다'며 자기는 자기 유행어(개그코너 '시커먼스'를 할 당시 "망했다~ 망했다~") 때문에 망했다고 말하지 않았는가.

＊ 후각 훈련

> **만물이 연기라면 코로 만물을 구분할 것이다.**
> – 헤라클레이토스 *Heracleitos*

후각을 기르기 위해서는 특별한 냄새가 나는 음식이나 꽃의 냄새를 맡아보고 그것을 기억하려고 노력해야 한다. 막상 해보면 장미꽃과 튤립의 향기를 구별하기조차 쉽지 않다. 사람 몸에서도 독특한 체취가 나듯이 모든 사물에서는 저마다의 독특한 냄새가 난다. 바위 냄새도 있고, 공기도 냄새를 가지고 있다. 아무 냄새도 나지 않는다고 막연하게 추측하지 말자.

어떤 자극이든 깨끗한 상태일 때 더 잘 느낄 수 있다. 맑은 공기를 들이마시는 습관을 갖자. 가슴을 활짝 펴고 심호흡하는 것도 필요하다. 심호흡을 하면 머리가 맑아지고 기억력이 좋아져, 학생들은 공부를 잘하게 되고 직장인들은 일의 능률이 오르며 노인들은 치매를 예방할 수 있다고 한다.

✳ 미각 훈련

미각을 기르려면 음식을 먹고 맛을 분석해보는 연습이 도움이 된다. '지금 무엇을 먹고 있다'고 머리에 말해주고 그 음식 맛을 기억하려고 노력해 보자. 혀를 자꾸 입 안에서 굴려 입천장도 핥고, 입 밖으로 뺐다 넣었다 하는 등 혀 운동도 해볼 수 있다.

《블링크》에는 코카콜라와 펩시콜라의 맛을 비교하는 '삼각 테스트 triangle test'에 관한 이야기가 등장한다. 코카콜라 두 잔과 펩시콜라 한 잔을 놓고 세 잔의 음료 중 다른 것을 고르라고 하면 3분의 1 조금 넘는 사람만이 정답을 맞힌다고 한다. 이것이 일반적인 사람들의 미각 수준이다. 투명한 탄산음료인 세븐업의 내용물을 변화시키지 않고 캔 포장의 초록색에 노란색을 더 섞었더니 소비자들은 라임이나 레몬 맛이 더 많이 느껴진다고 대답했다. 이 테스트 역시 앞에서 언급한 포도주 테스트처럼 시각이 미각으로 전이되는 감각 전이 sensation transference의 전형적인 사례를 보여준다.

　실제 세계에서는 일반적으로 눈을 감은 채 포도주나 세븐업을 마시지 않는다. 대부분의 사람들은 음료를 마실 때 브랜드를 확인하고, 눈으로 보면서 냄새를 맡고 맛을 느낀다. 입으로만 맛보는 것이 진짜 맛인지, 온 감각과 두뇌를 통해 느껴지는 맛이 진짜인지는 알 수 없지만 혀에 집중하여 미각을 훈련하는 것은 분명 필요하다.

＊ 촉각 훈련

　촉각을 기르고 싶다면 따뜻한 물체와 차가운 물체를 하나씩 골라서 양손에 각각 들고 양쪽의 느낌을 비교해 보라. 손을 마사지하고 손바닥을 부딪쳐 박수를 치는 것도 좋다. 손바닥을 치면 세포들이 건강해진다고 한다. 만일 소리를 내기 어려운 장소에 있다면 한쪽 손은 주먹을 쥐고 주먹의 끝부분으로 다른 손바닥을 치면 된다. 발도 마찬가지다. 발가락과 발바닥을 마사지하고 자극을 주면 건강에도 좋고 감각도 키워주고 일석이조의 효과를 얻을 수 있다.

　한의학에서는 손가락을 이용해 맥을 짚거나 진단을 하고, 양의학에서도 환자의 몸을 손으로 만져 보는 촉진의 방법으로 유방암을 검사하기도 한다. 심지어 외국에는 일반인들을 대상으로 손가락의 촉각을 이용해 유방암을 찾아내는 교육을 시키는 기업체까지 있을 정도로 손가락의 감각세포를 이용하는 것이 일상생활은 물론 의학에도 많이 활용되고 있다.

자연계의 적자생존 법칙은 '움직이는 자가 살아남는다'는 것이다. 만지고 두드리고 움직이면 촉각도 좋아지지만 두뇌도 좋아질 수 있다. 운동을 해서 혈관을 증가시키면 우리 몸과 두뇌가 산소와 영양분을 더 잘 이용하게 되기 때문이다.

 예식으로 오감 훈련을?

오감을 함께 훈련시키는 대표적인 방법 중 하나는 예식에 참여하는 것이다. 전통적인 혼례나 장례, 종교의식 등을 보면 오감을 이루는 요소들이 적절하게 배합되어 있다. 오늘날의 결혼식에서도 아름다운 웨딩드레스와 예식을 보고, 주례사와 축가나 축주를 들으며, 혼주와 악수를 하고, 축하 박수를 치며, 꽃향기를 맡고, 음식을 먹는 등 오감을 다 활용하게 된다.

다도(茶道)에도 차를 마시며 맛을 보고 향기를 맡으며 도자기예술, 실내 장식 등을 감상하는 것과 아울러 손을 어떻게 움직여야 한다는 등의 동작까지 결합되어 있다. 이러한 의식은 자연스럽게 미각, 촉각, 후각, 시각, 청각 등의 기능을 높임으로써 모든 감각이 동시에 조화롭게 기능하게 한다.

✱ 직관력 키우기

직관que feelings, intuition, hunch은 육감 또는 제6의 감각으로 불린다. 직관은 모든 정보를 다 이용하는 것이 아니다. 사용하기 편리한 정보를 어림잡아 활용하는 것이다. 즉 그동안 두뇌에 쌓아놓은 정보가 외부 환경이나 문제에서 나오는 새로운 정보와 결합하면서 순간적으로 반응해 떠오르는 생각이다. 따라서 그동안에 얼마나 많은 정보와 경험이 머릿속에 쌓여 있는가에 따라 직관력의 정확성이 결정된다고 할 수 있다. 또한 직관력을 높이려면 외부의 정보 입력에 민감하면서도 잘못된 정보를 따라가지 않는 자세가 가장 중요하다. 과거에 경험한 것에 얽매여 임의로 판단하는 바람에 직관력이 떨어지지 않도록 주의하자.

윌리엄 더건은 한 걸음 더 나아가 '전략적 직관'을 강조했다. 여기서 전략적 직관은 본능과 이성을 직관보다 더 의식적으로 결합한 것을 일컫는데, 그는 동양철학에서 전략적 직관을 조명한 고전으로 손무의《손자병법》, 노자의《도덕경》, 작자 미상의《바가바드기타》, 미야모토 무사시의《오륜서》를 추천했다. 본능은 어떻게 보는가에 따라 직관이나 전략적 직관과 같을 수도 있고 다를 수도 있다. "사람은 최대한의 노력을 기울여 겨우 얻을 수 있는 것에 대한 본능을 계발해야 한다"라는 아인슈타인의 말을 보면 그는 본능을 전략적 직관으로 생각한 것처럼 보인다.

패턴을 인식하는 것도 그동안의 교육과 문화에 영향을 받는다. 각 사람의 두뇌에 입력된 직관의 작용을 받으면 같은 것을 보고도 민족이나 문화에 따라 패턴으로 인식하기도 하고 인식하지 못하기도 한다. 예를 들어 오리온성좌의 경우 서양인은 하나의 패턴으로 파악해 별자리로 인식했으나 동양에서는 그러지 못했다. 미국의 천문학자 칼 세이건도 《코스모스》에서 같은 별자리를 나라마다, 시대마다 어떻게 다르게 인식했는지 보여주고 있다. 각 시대와 나라마다 북두칠성 하나로도 '큰 국자', '쟁기', '천상의 고위 관료', '찰스의 마차', '큰 곰자리' 등으로 다르게 파악했다.

알파벳으로 이루어진 다음의 분류를 유심히 보라. 어떤 패턴을 찾았는가?

1) ❶ A, E, I, U ❷ B, F, J, V

2) ❶ A, M ❷ C, K ❸ G, L ❹ H, I

3) ❶ B, D, G, R ❷ A, H, I, T

다른 분류가 더 있을지 모르겠지만 위의 1)~3)은 각각 다음 분류를 따른 문제였다.

1)	❶ 모음 : A, E, I, O, U		❷ 자음 : B, C, D, F, G, H, J, K, L, M, N, P, Q, R, S, T, V, W, X, Y, Z	
2)	❶ 좌우대칭 : A, M, T, U, V, W, Y	❷ 상하대칭 : B, C, D, E, K	❸ 무대칭 : F, G, J, L, N, P, Q, R, S, Z	❹ 복합대칭 : H, I, O, X
3)	❶ 곡선 있음 : B, C, D, G, J, O, P, Q, R, S, U		❷ 곡선 없음 : A, E, F, H, I, K, L, M, N, T, V, W, X, Y, Z	

3장

상 황 파 악

생각을 가로막는
가정을 버려라

운동을 하기 전에 스트레칭을 통해 몸을 유연하게 만들어야 부상을 당하지 않는 것처럼, 생각을 유연하게 하려면 의식도 스트레칭을 해주어야 한다. 상황을 제대로 파악하는 것에서 시작해서 자신의 모습을 올바르게 바라보도록 사고를 훈련시키는 것이다. 이러한 스트레칭을 하다 보면 자연스레 잠자고 있던 관점들이 깨어나기 시작한다.

우리가 보아온 방식으로만 보지 말고 없는 것을 보는 훈련이 필요하다. 먼저 다음 그림을 살펴보자.

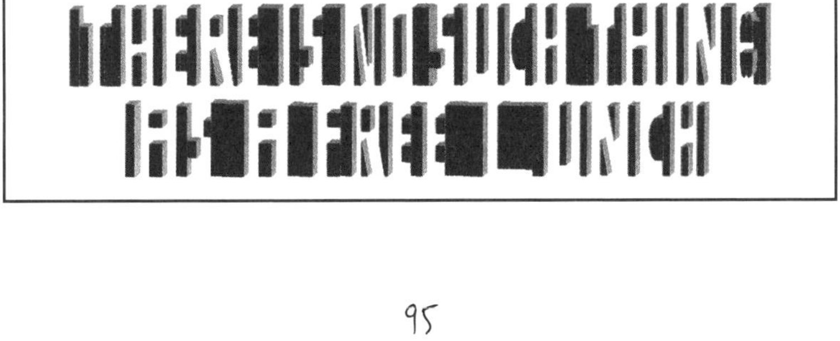

THERE IS NO SUCH THING
AS A FREE LUNCH

그림에서 무엇이 보이는가? 우리는 무의식중에 검은색 부분을 읽도록 훈련이 되었기 때문에 아마 한번에 알아보기는 어려울 수 있다. 검은색 사이의 빈 공간이 글자라고 생각하고 다시 한 번 읽어보라. 이제 밀턴 프리드먼이 말한 "THERE IS NO SUCH THING AS A FREE LUNCH(공짜 점심은 없다)"라는 글귀가 보일 것이다.

없다고 생각하는 것들이 실재하고, 중요하지 않다고 생각했던 것이 알고 보면 정말 중요한 경우가 많다. 한국어와 일본어의 가장 큰 차이 중 하나가 띄어쓰기다. 영어권 사회에서 지난 1,500년 동안 의사소통을 발전시키는 데 가장 큰 공을 세운 것이 띄어쓰기였다고 한다. 띄어쓰기가 글 읽는 속도를 얼마나 향상시키는지 확인하는 것은 띄어쓰기가 되어 있지 않은 글을 한 번 읽어보는 방법으로도 충분하다.

어떤 일에 착수하기 전에는 가설을 세운다. 이때 가설은 가능성이 있는 하나의 대안일 뿐이다. 하지만 오히려 이것이 다른 가능성을 닫아버리는 역기능을 할 때가 많다. '어떻게 영어 성적을 올릴 것인가?'라고 문제를 설정하는 순간 더 이상 영어의 필요성이나 효용성 등에 대해 생각하지 않게 된다. 마찬가지로 '어떻게 회사의 매출을 올릴 것인가?'라는 문제를 설정하는 순간, 회사를 매각하거나 사업을 그만두는 것이 좋다는 생각을 심도 있게 검토하기는 어려워진다.

도로나 지하철 등 교통 설계자는 통계 데이터를 이용해서 수요를 충족시킬 수 있도록 교통망을 설계한다. 그러나 도로나 지하철이 개통되자마자 금세 교통정체가 시작되곤 한다. 왜냐하면 새로운 교통망이 생기면 기존에는 없던 새로운 교통수요가 창출되기 때문이다. 결국 데이터 분석은 새로운 수요예측을 반영하지 못하는 한계가 있다. 우리나라에서도 이러한 일이 빈번하게 발생하고 있다. 영등포 오거리나 지하철 9호선 등은 개통하자마자 수요예측을 잘못했다는 비판이 나왔다.

2010년 방송된 MBC 〈세바퀴(세상을 바꾸는 퀴즈)〉에서 개그맨 김태현이 가수 김종민에게 두 가지 질문을 했다. 먼저 '거북이'를 다섯 번 외치라고 하고, "세종대왕이 만든 배는?"이라고 질문했다. 이때 김종민의 대답은 '거북선'이었다. 물론 거북선은 이순신 장군이 만든 것이다. 다음 질문은 '100, 200, 300, 400, 500'을 빠르게 다섯 번 반복하라고 하고 나서 "100 다음은?"이라고 질문했다. 김종민이 '200'이라고 하자, 김태현은 '101'이라고 정답을 알려주었다.

이번에는 김종민이 김태현에게 "땅에 천 원권 지폐 한 장과 만 원권 지폐 한 장이 떨어져 있으면 어떤 것을 주울 것이냐?"라고 묻자 김태현은 "둘 다"라고 대답했다. 물론 확실한 정답이 없는 질문일 수도 있지만 우리가 무의식중에 모든 문제에 대해서 스스로 이미 가정을 하고 있음을 잘 보여준다.

＊ 불필요한 가정 없애기

우리가 임의로 만들어내는 필요 이상의 가정을 떨치지 못하면 창의적인 발상을 하기 어려워진다. 《혁신의 기술》에 나오는 다음 이야기를 읽고 우리가 얼마나 필요 이상의 가정을 하면서 사는지 생각해보자.

"한 남자가 시골길을 가다가, 길가에 앉아 있는 요정을 보았다. 요정은 웃으면서 소원을 한 가지 들어주겠노라고 했다. 단, 앞에 있는 싹 2개 중에 어느 것이 꽃이 되고, 어느 것이 잡초가 될지 맞혀야 한다는 단서를 달았다. 남자는 문제를 풀기 위해 지켜야 할 규칙이 있는지 물었다. 요정은 남의 도움을 받지 말고 스스로 생각하라고 했다."

해답 : 그 남자는 물통을 가져다가 싹에 물을 주고 싹 2개가 자라기를 기다렸다. 이 문제에서 얼마 동안 문제를 풀어야 한다는 제약은 없다.

스페인 귀족들이 콜럼버스와 같이 달걀을 세우지 못한 것도 필요 이상의 가정을 세웠기 때문이다. 많은 수수께끼들은 이러한 방식을 활용해 만들어진다. 《생각의 혁명》의 저자 로저 본 외흐의 다음 수수께끼를 풀어보라.

"존과 메리는 바닥에 누운 채 죽어 있고, 주변에 유리 조각과 물이 흥건하다. 그들은 어떻게 죽었을까?"

해답 : 존과 메리를 사람으로 생각하고 문제를 풀면 로저가 원하는 정답이 나오지 않는다. 존과 메리가 금붕어라고 생각하면 깨어진 어

항이나 수족관을 쉽게 생각할 수 있을 것이다.

다음에 어떤 문제를 풀 때는 먼저 '내가 혹시 불필요한 가정들을 하고 있지는 않은가?' 하고 자문해보라. '1+1'이 십진법에서는 2지만, 이진법에서는 10이 된다. 즉 어떤 사고체계 하에서 생각하느냐에 따라서 답이 다르다.

오리냐 토끼냐?
누구냐 넌!

2부

위 그림은 1899년 미국의 심리학자 조셉 재스트로가 그린 것으로 왼쪽을 정면으로 보면 오리지만, 오른쪽을 정면으로 보면 토끼로 보인다. 같은 문제도, 문제를 어떤 측면에서 보는가에 따라 답이 달라질 수 있다. 빛이 파동성과 입자성의 이중성을 가지고 있다는 것도 이 그림을 통해 설명할 수 있다. 닐스 보어는 이 현상을 설명하기 위해 메달의 양면을 예로 들었는데, 빛을 입자로 보면 파동의 성질을 볼 수 없고 반대로 파동으로 보면 입자의 성질을 볼 수 없게 된다. 메달은 한 번에 한쪽 면만 볼 수 있지만 양면 모두 실제 존재하며, 두 면은 상호 보완적인 관계를 가지고 같은 메달을 구성하고 있다는 것이다.

문제를 해결하기 위해서는 성급하게 문제를 규정해서는 안 된다. 창의성이 높은 사람들은 일반인들이 생각하는 가정에 자신을 가두지 않고 상황을 다각도로 바라보면서 여러 가지 원인을 살펴본 다음 하나 하나의 과정에 따라 문제해결을 시도하고, 결과가 나오지 않으면 지속적으로 다른 방향으로 시도해 문제를 해결하려고 한다.

다음은 아홉 개의 점과 관련된 유명한 퍼즐들이다. 이 퍼즐을 풀다 보면 우리가 가지고 있는 가정이 무엇인지 알 수 있다.

1. 아홉 개의 점을 연필을 종이에서
   떼지 않고 네 개의 선분으로 연결하라.

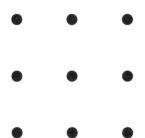

2. 아홉 개의 점을 연필을 종이에서
   떼지 않고 **세 개의 선분으로** 연결하라.

●   ●   ●

●   ●   ●

●   ●   ●

2부

●   ●   ●

3. 아홉 개의 점을 연필을 종이에서
   떼지 않고 **하나의 선분으로** 연결하라.

●   ●   ●

●   ●   ●

3번에 대한 해답은 여러 가지로 생각할 수 있다. 두꺼운 연필이나 붓으로 한 번에 긋는 방법, 2차원에서 생각하지 않고 3차원의 구나 원통에 있는 점으로 생각해서 문제를 풀 수도 있고, 종이를 접어서 9개의 점을 일렬로 맞추고 하나의 선을 긋는 방법도 있을 수 있다.

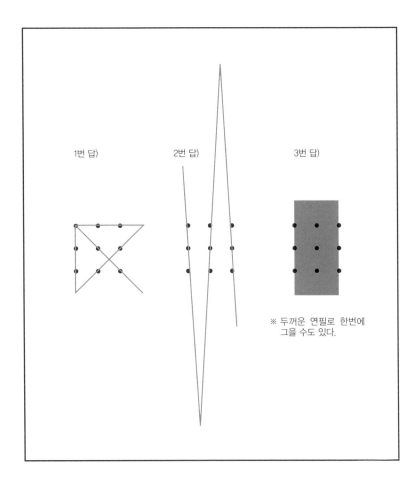

1번 답)

2번 답)

3번 답)

※ 두꺼운 연필로 한번에
그을 수도 있다.

적절한 질문을 통해서 이러한 필요 이상의 가정이나 고정관념을 없애고 창의력을 발휘할 수 있다. 필 매키니는 기존의 고정관념을 전부 부수고자 하는 목적을 가진 질문을 '킬러 질문Killer Question'이라고 정의하며, 이런 질문을 하는 방법을 가르쳐 준다. '누구, 무엇, 어떻게'를 3개의 키워드로 삼고 "고객은 왜 이 제품을 싫어할까?" 대신 "고객이 어떻게 해서 이 제품을 싫어하게 됐을까?"와 같이 '왜(Why)'보다는 '어떻게(How)'에 대해 질문하라는 것이다. 질문은 또다시 남에게 하는 질문과 자신에게 하는 질문으로 나눌 수도 있는데 '나는 어떤 추정을 하고 있는가'를 먼저 살펴본 다음, 그 추정에 이의를 제기해 볼 것을 권하고 있다.

✳ 비합리적인 습관 벗어나기

창의적이 되려면 습관적으로 굳어진 익숙한 사고방식과 행동방식에서 벗어나야 한다. 어떤 경영자는 신입사원을 채용하는 면접을 할 때 같이 식사를 하며 수프를 먹는 모습을 보고 채용 여부를 결정했다고 한다. 수프를 맛보기 전에 소금부터 뿌리는 사람은 탈락시켰는데, 수프가 짠지, 싱거운지 맛을 보지 않고 소금부터 치는 사람은 어떤 일이나 상황에 대해 알지도 못한 채 판단을 내리는 사람이기 때문이다. 그는 이런 사람은 발전 가능성이 없고 회사에 위험을 끼칠 수 있다고 판단했다.

수주대토(守株待兎)는 과거 한 번의 성공에 빠져 어리석은 행동을 지속하는 사람, 또는 낡은 관습을 지키며 새로운 시대에 적응하지 못하는 사람을 가리키는 고사성어다. 이와 유사하게 '자만'이라는 뜻을 가진 '휴브리스Hubris'는 그리스 비극에서 유래되었는데, 토인비는 이를 창의적인 사람들도 과거 자신의 성공 경험을 과신하고 자신의 능력과 과거의 방법을 우상화해 실패에 빠지게 되는 것을 가리켜 사용했다. 수평식 수로 공사 방식으로 수에즈 운하를 성공적으로 건설한 프랑스의 엔지니어 레세프는 파나마 운하 역시 같은 방식으로 건설하려다가 대실패를 거둔다. 그리고 후에 미국이 갑문식 공사 방식으로 파나마 운하를 완성한다.

2010년 초 전 세계 제조업의 우상이었던 토요타가 브레이크 이상으로 미국 시장에서 대규모 리콜이라는 위기를 맞은 것도 휴브리스에서 벗어나지 못했기 때문이다. 휴브리스에 벗어나기 위해서는 과거의 성공방식을 잊어버리고 늘 깨어 있어야 한다.

＊ 다수결이 진리는 아니다

창의적인 아이디어들이 현실화되기 전까지 대부분의 사람들은 그것을 거부하고 믿지 않는다. 지구가 자전을 하면서 태양 주위를 공전

한다고 믿기 시작한 것은 그리 오래전이 아니다.

19세기 사람들은 공기보다 무거운 것은 날지 못한다고 믿었다. 1980년 초 석유파동으로 석유 값이 올랐을 때였다. 앞으로 물을 사먹을 시기가 오고 물을 석유보다 더 비싸게 팔 수 있기 때문에 우리나라의 좋은 물을 보존해야 한다는 선생님의 말씀에 우리반 아이들은 웃어버렸다. 대부분의 사람들은 하이패스 시스템이 도입되기 전까지 고속도로 통행료를 내기 위해서는 꼭 차를 멈춰 세워야 한다고 믿었다.

창의적이 되려면 자기가 설정한 가정뿐 아니라 때로는 다른 사람이 설정한 가정까지도 깨버려야 한다. 미칼코의 《창의적 자유인》에서 독일의 발명가 필립 라이스는 음악을 전송하는 장치를 개발했음에도 불구하고, 무선전신으로 충분하기 때문에 말을 전송하는 것에 대한 수요는 없을 것이라는 전문가들의 말을 듣고, 작업을 중단했다. 그렇게 15년이 지난 후 미국의 발명가 그레이엄 벨은 전화기 특허를 냈다.

다른 사람이 설정해놓은 가정에 빠져서 자신의 창의성을 잃어버리기가 얼마나 쉬운지 모른다. "모두가 '예'라고 할 때 '아니오'라고 할 수 있는 사람, 그런 사람이 좋다"라는 텔레비전 광고 문구가 있었다. 다른 이들의 의견에 휘둘리지 않는 사람. 바로 이런 이들이야말로 창의적인 사람이 될 가능성이 큰 사람이다.

✱ 우물 안 개구리가 되지 말자

창조적 발상을 위해서는 정중지와(井中之蛙, 우물 안의 개구리)나 이관규천(以管窺天, 대롱을 통해 하늘을 보는 시각)에서 벗어나야 한다. 경계 안에 갇히면 그 안의 세계밖에 볼 수가 없다. 경계 너머의 세계를 보고, 상상할 수 있어야 한다.

광고업은 가장 창의적인 발상을 필요로 하는 분야 중 하나다. 과거에는 대부분의 광고물을 고정되어

Your wish carved into the bean.

메시지 콩
당신의 소원이 콩 안에 새겨져 있어요!

있는 무생물에 부착했다. 그러나 최근에는 버스나 택시와 같이 움직이는 사물을 광고 매체로 많이 사용하기도 한다. 더 나아가서 동물을 직접 이용하거나 식물의 성장을 이용하거나 아니면 사람을 이용해 광고물을 부착하는 방법도 사람들에게 깊은 인상을 남길 것이다. 캔 플라워Cam Flower의 '메시지 콩'은 콩이 발아하면 떡잎에 'I LOVE YOU'와 같은 미리 새겨진 메시지가 나오도록 되어 있다.

초기 타자기는 구식 기계였기 때문에 타자를 너무 빨리 치면 고장이 났다. 그래서 고장을 방지하기 위해 쿼티QWERTY 키보드가 설계되었

다. the, an, of, at, for, in, on, by와 같이 자주 쓰이는 단어의 알파벳을 키보드 전체에 골고루 퍼지게 배열해 타자를 빨리 칠 수 없게 한 것이다. 반면 한글 타자기는 나중에 개발되었기 때문에 두 손의 역할 부담이 자음과 모음으로 나누어져 보다 과학적이고, 언어 특성에 맞게 자판이 설계되었다. 덕분에 한글 타자를 치는 것이 영어타자를 치는 것보다 빨라질 수 있었다.

늘 돌아보자.
과연 이게 최선일까?

권위에서 벗어나자

위대한 발견이나 발명은 위대한 권위에 대한 도전에서 시작되었다. 물체의 자유낙하에 관하여 아리스토텔레스가 정립한 이론에 대한 갈릴레이의 도전을 떠올려보자. 아리스토텔레스는 무거운 물체가 가벼운 물체보다 먼저 떨어진다고 말했다. 자유낙하는 물체의 본성을 따르기 때문이다. 그러나 갈릴레이는 '무거운 물체와 가벼운 물체를 묶어서 떨어뜨리면 어떻게 될까'라는 의문이 생겼다. 아리스토텔레스의 논리대로라면 두 물체의 평균속도로 떨어지거나 더 무거워졌기 때문에 더 빨리 떨어지거나 둘 중의 하나여야 했다. 하지만 그의 생각은 달랐다. 그렇게 갈릴레이는 물체가 질량에 관계없이 동일하게 떨어진다고 결론을 내리고 그 유명한, '피사의 사탑'에서의 실험을 했다.

빛의 성질과 관련해서는 최고의 권위자인 뉴턴에게 토마스 영이 도전했다. 뉴턴은 빛이 미립자로 직선운동을 한다는 '입자설'을 주장했는데 이후 아무도 이 학설에 감히 의문을 제기하지 못하고 있을 때, 영이 의문을 제기하며 빛의 파동성을 주장했다.

가정 또는 관념을 지키는 것은 자신이 교육받은 것 또는 과거의 경험에 자신을 가두어두는 것과 같다. 하지만 오히려 일반적인 접근 방법이나 해결 방안 등에 대한 사전 지식이 없다면 새로운 접근 방법이나 해결 방안을 생각하게 된다. 또 어떤 제약을 알지 못하면 자유롭게 제안할 수 있다. 아이들의 무지에 가까운 순수함이 지닌 힘은 바로 창의성을 제약하는 가정 자체가 없다는 것이다.

어른이 되어서 기존 질서에 대한 많은 지식을 쌓아도 여전히 순수함을 잃지 않는다면 창의성을 더 많이 발휘할 수 있다. 피카소는 평생 동안 '어떻게 하면 어린이처럼 자유롭게 그릴 수 있을까' 고민하며 모든 과정을 배움의 시간으로 삼았기 때문에 많은 창의적인 작품들을 남길 수 있었다.

창의성을 경험의 창의성과 순수의 창의성으로 나누기도 하는데 어른이 되어서도 순수함을 잃지 않으면 두 가지 창의성을 모두 발휘할 수 있다는 결론이 나온다.

4장

독서

가장 싼
멘토를 고용하라

인생은
책을 펴놓고
시험을
치르는 것과 같다.

마르코 마산 *Marco Marsan*

누구나 인정하겠지만 책의 힘은 엄청나다. 독서는 사람의 지식과 경험을 풍부하게 하는 가장 중요한 수단이다. 한 권의 책이 사람의 인생을 완전히 바꾸기도 한다. 필자는 매주 책을 세 권씩 읽고 정리하려고 노력하는데 좋은 책을 만난 주에는 스스로 달라지는 것을 느낀다.

　이어령 박사는 "책을 읽은 후 마음과 행동에 읽기 전과 달라진 점이 없으면 독서가 아니라는 태도로 책을 읽는다"고 했다. 좋은 책의 도움을 받는다면 우리도 사흘이면 괄목상대(刮目相對)할 정도로 변할 수 있다.

중국 삼국시대, 오나라 손권의 장수 가운데 여몽이 있었다. 그는 무식하였으나 전쟁에서 공을 세워 장군이 되었다. 손권으로부터 공부하라는 충고를 받은 그는 전장에서도 손에서 책을 놓지 않고 학문에 정진했다. 그 후 오나라의 재사(才士) 노숙이 전장을 사찰하다가 여몽을 만나 대화를 나누었다. 너무나 박식해진 여몽에게 놀라 노숙은 "아니, 언제 그렇게 공부했나? 자네는 예전의 여몽이 아닐세"라고 말했다. 그러자 여몽은 이렇게 대답했다. "무릇 선비란 헤어진 지 사흘이 지나서 다시 만나면 '눈을 비비고 대면할(刮目相對)' 정도로 달라져야 하는 법이라네."

야구선수는 하루 동안 연습을 안 하면 자기가 알고, 사흘 동안 연습을 안 하면 감독이 알고, 일주일 동안 연습을 안 하면 관중이 안다고 한다. 안중근 의사의 유묵에 있는 '일일부독서 구중생형극(一日不讀書 口中生荊棘, 하루라도 책을 읽지 않으면 입에 가시가 돋는다)'의 정신으로 독서를 한다면 창의성이 키워지는 것은 당연하겠다.

창의성은 기존의 재료를 잘 버무려 새로운 아이디어를 만들어내는 것인데 기존의 재료를 축적하는 가장 값싼 방법이 바로 독서다. 아인슈타인은 학교에 가는 대신 많은 책들을 읽었다. 열두 살에 유클리드의 《원론》을 읽고, 열다섯 살 이전에 뉴턴, 스피노자, 데카르트의 책을 읽었다.

　요즘 책 읽기에 관한 많은 책들이 나오고 있는데 자신에게 맞는 방법을 선택해 실천하는 것이 중요하다. 물론 책 읽는 방법을 익히기가 쉽지는 않다. 괴테는 책 읽는 방법을 배우기 위해 80년이라는 세월을 바쳤어도 다 배웠다고 말할 수 없다고 했다. 그렇다고 불가능한 일은 아니다. 책을 읽다 보면 속도도 빨라지고, 자신만의 가장 좋은 방법도 터득하게 된다. 사이토 다카시의《독서력》에서는 문학작품 100권과 교양서 50권을 4년 내에 읽으면 독서력을 키울 수 있다고 밝히고 있다.

　창의성 키우기와 관련해서 특히 중요한 책 읽기 방법은 다양한 분야의 책을 읽는 것과 더불어 책을 읽은 후 정리하는 것이다. 자기가 좋아하는 분야와 작가에서 벗어나 베스트셀러, 고전, 자서전, 위인전, 픽션, 논픽션, 실용서 등 다양한 장르의 책을 읽는 것이 창의력을 위한 기초체력을 크게 키워준다. 책 읽기는 좋아하는 작가와 장르에서 출발하여 흥미를 붙인 다음, 그 범위를 확대해나가는 것이 필요하다.

　나이에 따라 좋은 책이 달라질 수도 있지만 대학생이나 직장인들은 자기가 전공하지 않은 인문학, 사회과학, 자연과학, 공학은 물론 음악 · 미술 분야의 개론서를 읽어보는 것도 창의적인 발상을 하는 데 큰 도움을 준다. 피터 드러커는 60년간 3년 내지 4년마다 주제를 바꾸어 다양한 공부를 했는데, 이런 공부법이 새로운 주제와 시각, 방법에 대해 개방적일 수 있도록 만들어주었다고 한다.

　황농문은 그의 책《몰입 - 인생을 바꾸는 자기 혁명》에서 몰입 상

사람을 만나는 것은 한꺼번에 할 수 없고 시간이 많이 소요되지만, 책을 읽는 일은 상대적으로 쉽고 전문적인 지식을 더 많이 쌓게 해준다. 어떤 분야에 대한 경험이 없더라도 그 분야에 관한 전문서 10여 권을 읽고 정리하면 그 분야의 전문가들과 대화하고 토론하는 데 크게 문제가 없게 된다. 책 10권 정도는 열심히 읽으면 일주일이면 읽을 수 있는데 그런 후에는 그 분야의 전문가들과의 만남도 어렵게 않게 된다.

모르는 분야도 관련 서적 100권을 읽으면 그 분야의 주제를 골라 책을 쓸 수 있는 지식 수준에 도달한다고 한다. 필자는 일주일에 책 세 권 정도를 읽고 정리하는데 1년에 책 한 권 쓸 정도 이상의 지식을 축적한다고 볼 수 있다.

책을 읽으면서 정리가 필요하다고 생각되는 부분에는 포스트잇을 사용해 표시해두었다가 책을 다 읽고 나면 엑셀을 이용해 곧바로 정리를 해보자. 먼저 경제학, 교육학, 창의성, 일반 등과 같이 분야에 따라 파일을 만들어두고, 한 파일 안에서는 세부 사항들을 여러 가지 시트를 사용해 구분한다. 한 시트에서는 항목별로 대분류, 주제, 내용, 의견, 저자, 서명, 출판사, 출판년도, 페이지의 순서로 정리를 한다. 특별한 의견이 없는 경우가 많으므로 의견(란)은 보통 비워둔다. 이렇게 하면 책을 3~4번 반복해서 읽은 효과가 있어 잘 잊어버리지 않게 되고, 보고서나 책을 쓸 때도 아주 편리하게 활용할 수 있다.

	대분류	주제	내용	의견	저자	서명	출판사	출판년도
1	대분류	주제	내용	의견	저자	서명	출판사	출판년도
2	인식	오류	그리고 '모차르트 효과' 라든가		존 메디나/정재브레인	롭스	프런티어	2009
3	적자생존	행동	적자생존: 움직이는 자가 살아		존 메디나/정재브레인	롭스	프런티어	2009
4	건축		프랭크 로이드 1957년 그는 90세의 나이로		존 메디나/정재브레인	롭스	프런티어	2009
5	뇌	용량	대다수 사람들의 경우 두뇌의 존		존 메디나/정재브레인	롭스	프런티어	2009
6	지능	운동	운동을 해서 우리 몸속에 있는		존 메디나/정재브레인	롭스	프런티어	2009
7	해마	치아이랑	치아이랑 dentate gyrus은 기		존 메디나/정재브레인	롭스	프런티어	2009
8	골프	호건슬램	1949년/자동차사고/외사들은		존 메디나/정재브레인	롭스	프런티어	2009
9	핵	DNA	그러니 DNA를 핵에 넣는 것		존 메디나/정재브레인	롭스	프런티어	2009
10								

태에서 경험한 문제해결의 순간에 대해 소개하고 있다. 나는 그 순간이 바로 독서를 통해 문제를 해결한 순간이 아닐까 한다. 다음의 발췌된 그의 글은 몰입에 의한 해결의 순간으로 제시된 '다이아몬드 생성 메커니즘을 규명한 날의 기억'이다. 여러분의 생각은 어떤지 궁금하다.

> "이 문제를 더 이해하려면 콜로이드에 대한 지식이 필요한데, 나는 콜로이드에 대하여 아는 것이 별로 없다. 얼마 전에 사두었던 콜로이드 입문서를 다시 읽어야 할 것 같다. (…) 사무실에 들어서자마자 콜로이드 입문서를 펴 들었다. 얼마간 읽어 내려가자 마음을 붙잡는 설명이 눈에 들어온다. (…) 여기까지 읽는 순간, 영감이 스쳤다. (…) 복잡하게 얽혀 있던 모든 의문들이 일순간에 사라지는 것이었다."

어떤 문제를 해결하기 위해서 몰입이 중요하지 않다는 것은 아니다. 다만 위의 일화는 문제해결을 위해서 과거의 지식을 활용하는 것이 얼마나 중요한지, 또한 창의성을 키우기 위해서 평소에 다양한 책들을 읽고 정리해놓는 것이 얼마나 중요한지 보여주는 사례로도 생각할 수 있다.

《시간의 주름》의 저자인 매들린 렝글은 분자물리학과 양자역학을 포함한 광범위한 독서에서 아이디어들이 저절로 나온다고 했다. 주식투자에서도 창의성이 필요할 수 있다. 다른 사람들과 똑같이 투자해서는 수익을 거두기 어렵다. '오마하의 현인'으로 불리는 워런 버핏은 자신이 보통 사람의 평균보다 5배 정도의 책을 읽는 것 같다고 했다. 그는 아침에 사무실에 나가면 책을 읽기 시작한다. 읽은 다음 8시간 동안 다른 사람과 통화하고 또 읽을거리를 집으로 가져 간다. 그의 성공은 이러한 독서습관에서 비롯되었다. 빌 게이츠는 일 년에 몇 차례 최근의 비즈니스 트렌드를 보여주는 책들을 싸가지고 숲 속의 별장으로 가서 한 주 정도의 기간 동안 새로운 아이디어를 얻기 위해 책을 읽고 생각하는 '사고 주간chink week'을 보낸다고 한다.

독서와 관련한 논쟁 중 하나를 소개하겠다. 바로 위편삼절(韋編三絕, 공자가 주역을 즐겨 열심히 읽은 나머지 책을 맨 가죽 끈이 세 번이나 끊어졌다는 데서 유래)과 같은 정독이냐, 남아수독오거서(男兒須讀伍車書, 당나라의 두보가 한 말로 남자라면 다섯 수레 정도의 책은 읽어야 한다는 뜻)와 같이 다독이냐 하는 것이다. 정독이냐 다독이냐의 문제는 결국 전문가specialise가 되어야 하는가, 일반가generalise가 되어야 하는가와 유사하다. 여러 방면으로 널리 알 뿐만 아니라 깊게도 아는 것이 가장 바람직한 독서 방법이겠으나, 특별히 창의력과 관련해서 하나만 꼽으라면 다독이 더 중요하다고 할 수 있겠다.

역사에서 배우기

> **"**
> 좋은 책을 읽는 것은 과거의 가장 뛰어난 사람들과
> 대화를 나누는 것과 같다.
> – 르네 데카르트 *Rene Descartes* **"**

독서는 역사에서 배우기 위한 가장 좋은 방법이다. 독서를 통해 내가 직접 경험하지는 못했지만 다른 사람이 경험한 것을 간접 체험하여 현재의 문제를 해결하는 데 활용할 수 있다. 역사에서 배우지 못하는 국가와 민족이 번영할 수 없는 것처럼 역사에서 배우지 못하는 개인도 발전할 수 없다. 다음의 두 문제를 어떻게 풀 것인지 생각해보라.

문제1 책상 위에 만 원짜리 지폐 한 장이 놓여 있고 그 지폐 한가운데에 송곳이 꽂혀 있다. 그 위에는 양 끝에 추가 달린 막대가 균형을 이루도록 놓여 있어 조금만 균형이 무너져도 쓰러지게 되어 있다. 어떻게 하면 막대를 쓰러뜨리지 않고 만 원짜리 지폐를 치울 수 있을까?

문제2 도축장에 들어가는 소와 관련해 발생한 실제 문제다. 미국의 한 회사가 도축장을 새로 짓고 도축을 하기 위해서 소들을 도축장으로 몰아넣어야 하는데 소들이 도축장으로 들어가려고 하지 않아 애를 먹었다. 온갖 방법을 써도 문제를 풀 수 없던 그들은 콜로라도 주립대의 동물학자 템플 그랜딘에게 컨설팅을 받아 문제를 해결했다. 그는 어떻게 문제를 해결했을까?

두 문제 모두 알렉산더 대왕에 관련된 일화에서 해답의 실마리를 찾을 수 있다. 첫 번째 문제는 고디어스의 매듭_the Gordian Knot_을 생각하면 된다. 고대 그리스 프리지아 왕국의 고디어스 왕은 신전에 매듭을 하나 묶어놓고 이것을 푸는 자가 아시아를 정복할 것이라고 예언했다. 그 후 기원전 332년 마케도니아의 알렉산더 대왕은 이 소식을 듣고 그 매듭을 풀어보려 했지만 쉽게 풀리지 않았다. 그는 정신을 가다듬다가 매듭을 풀기만 하면 된다는 것을 깨닫고 칼을 꺼내 매듭을 반으로 잘라버렸다. 그 후 그는 아시아를 정복했다.

이제 좀 감이 오는가? 첫 번째 문제의 답은 지폐를 잘라서 빼낸 후 다시 붙이거나, 지폐를 불태워서 없애버리면 된다는 것이다.

두 번째 문제는 알렉산더가 명마(名馬) 부케파루스_Bucephalus_를 길들인 일화와 관련이 있다. 알렉산더가 열세 살 때, 말 장수가 아직 길들여지지 않은 부케파루스를 알렉산더의 아버지 필립 2세에게 팔러 왔다. 아무도 이 말을 타지 못하고 있는데, 알렉산더는 이 말이 자신의 그림자에 놀라 날뛴다는 것을 알아채고 말머리를 태양이 비치는 쪽으로 돌렸다. 말이 자기 그림자를 보지 못하도록 하여 말을 안정시킨 것이다. 이후 알렉산더는 그 말을 길들여 타고 아시아를 정복했다. 알렉산더의 부케파루스는 항우의 오추마, 관우의 적토마와 함께 역사상 3대 명마로 알려진다.

이 문제와 관련해 그랜딘은 사람들이 동물을 다룰 때 사람의 관점에서 생각할 뿐, 동물의 관점에서 생각하지 않는다고 설명한다. 사람은 밝은 곳에서 어두운 곳으로 들어가도 동공이 확장되어 금방 적응하지만, 소는 밝은 곳에서 갑자기 어두운 곳으로 가면 잘 적응하지 못하고 스트레스를 많이 받게 된다. 따라서 그랜딘은 '도살장 입구에 조명을 달아 밝게 만들라'는 아이디어를 줌으로써 이 문제를 간단히 해결할 수 있었다.

역사는 자동차 엔진 개발에도 아이디어를 제공했다. 헨리 포드가 만든 1908년 포드 T모델은 연료로 에탄올이나 등유 또는 휘발유를 사용할 수 있도록 만들어졌다. 그러나 이후 휘발유 가격이 떨어지면서 휘발유 자동차가 득세하고 에탄올 자동차는 사라지게 되었다. 헨리 포드는 '미래의 연료는 에틸알코올'이라고 말했는데, 만일 20세기 후반의 엔진 설계자들이 이 사실을 알고 있었다면 에탄올을 이용하는 엔진 개발을 좀 더 먼저 시작하지 않았을까. 실제 몇 년 전 바이오에탄올이 각광받고, 하이브리드자동차, 전기자동차 등이 새롭게 대두되기 전까지는 엔진을 연구하는 공학자들도 에탄올로 가는 자동차를 심각하게 고려하지 않았다.

우리가 창의적인 발상이라고 생각하고 있는 두 가지 일화만 더 생각해보자. 흔히 '콜롬버스의 달걀'로 알고 있는 것도 실제는 피렌체 두

오모 대성당의 돔을 건축한 브루넬레스키(1377~1446)가 먼저 시도한 것이다. 마이클 겔브는 이 장면을 다음과 같이 묘사하고 있다.

브루넬레스키는 자신과 의견을 달리 하는 건축가들을 모아놓고 평평한 대리석 위에 달걀을 똑바로 세워볼 것을 요구했다. 하지만 그들 중 어느 누구도 달걀을 세우지 못했다. 브루넬레스키는 달걀의 아랫부분을 깨뜨린 후 달걀을 세웠다. 그 모습을 지켜보던 건축가들은 자신도 그렇게는 할 수 있노라며 불만을 토로했다. 이에 브루넬레스키는 그들이 자신의 계획을 이해한다면 자신과 같이 돔을 건축할 수 있다고 역설했다.

달걀을 어떻게 세울 것인가?

천체 궤도 운행론으로 지동설을 주장하고 증명했던 코페르니쿠스의 업적을 기려 사람들은 대단한 발상을 가리킬 때 '코페르니쿠스적 발상'이라고 한다. 그런데 사실 알고 보면 코페르니쿠스도 그의 천체 궤도 운행론을 주장하기 위해 과거의 지식을 활용했다. 지중해의 사모스(Samos) 섬에서 출생한 아리스타르쿠스(BC 310~230)는 코페르니쿠스보다 1,700여 년 앞서서 지구가 태양의 주위를 돈다고 생각했는데 코페르니쿠스는 이 아이디어를 가져다가 자신의 이론에 활용한 것이다. 또한 다 빈치도 "태양은 움직이지 않는다(IL SOLE NO SI MOVE)"라는 메모를 남겼다. 물론 이것이 코페르니쿠스의 업적을 작게 만들지는 않는다.

이 밖에도 역사상 가장 위대한 아이디어나 발상으로 여겨지는 것들이 역사에서 배운 결과물인 사례는 많다. 창의력을 키우는 수단으로서 책 읽기의 중요성을 되돌아봐야 할 이유다.

5장

집단 지능

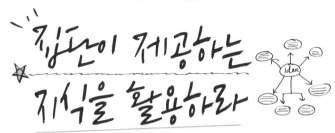

집단이 제공하는 지식을 활용하라

지식을 얻기 위해선 스스로 발벗고 노력하는 것이 기본이다. 그런데 만일 많은 사람들이 제공하는 지식을 활용한다면 더 빨리 자신의 지식을 축적하고, 세계의 트렌드를 파악할 수 있다. 최근 위키피디아와 같이 온라인상에서 이루어지는 활동이 집단지능(Collective Intelligence, 집단지성으로 번역되기도 하지만 최재천 교수의 견해를 따라 집단지능으로 번역)의 대표적인 사례로 여겨지고 있지만 여전히 전통적인 매스미디어도 효율적으로 활용할 필요가 있다.

텔레비전, 라디오, 신문, 잡지 등 매스미디어를 통해 획득할 수 있는 정보는 엄청나게 많다. 또한 이러한 전통적인 매체들은 사회 전반적인 변화나 개괄적인 정보를 빠른 시간에 얻기 위한 좋은 수단이 된다. 물론 여기에서도 다양성을 추구해야 한다. 신문도 같은 신문을 계속 보기보다는 다른 신문으로 바꾸어 보는 것이 다양한 시각과 창의력을 키우기에는 더 좋다. 예를 들어 출근길의 무료신문들은 큰 차이가 없다고 생각하는 사람이 많지만, 다른 종류로 바꾸어 보며 새로운 시각을 접하는 자세가 필요하다. 속칭 우파신문과 좌파신문을 비교해 보는 사람도 있다. 텔레비전 역시 무의식적으로 보기보다는 IPTV 등을 활용해 관심 분야나 필요한 부분을 발췌해서 보는 등 영리하게 활용할 수 있다.

과거에는 인터넷을 이용하는 것을 정부나 기업 등이 제공하는 자료를 검색하는 정도로 생각했지만 지금은 개인들이 자신의 전문성을 발휘하여 블로그를 운영하기도 하고, 직접 동영상을 제작하여 인터넷에 올리는 UCC *User Created Comeemes* 활동도 활발해지고 있다.

최근 '웹 2.0'으로 대표되는 개방, 공유, 참여, 협력의 문화가 새로운 지식사회의 추세로 자리를 잡고 있다. 프랑스의 미디어 철학자 피에르 레비가 창안해낸 집단지능이라는 개념은 '대중의 지혜'라고 해석될 수 있는데 사회 전역에서 광범위하게 이용되기 시작했으며 엄청난 속도로 확산되고 있어, 이 집단지능을 효율적으로 활용하면 개인의 창의성과 집단의 창의성을 키우는 데 많은 도움을 받을 수 있다.

'소수의 엘리트집단이 아니라 다수의 군중이 더 지혜롭다' 또는 '우리는 나보다 지혜롭다'로 집약되는 집단지능이론이 새로운 가치창출 모델로 등장하여 다양성·창의성을 바탕으로 한 조직 내외 공유와 협업 마인드를 확산시키고 있다. 지식의 공유와 대규모 협업은 개인과 조직의 경쟁력을 좌우하게 되었고, 블로그, 위키 등 다양한 소셜 미디어 social media를 활용한 새로운 지식 융합과 재창조 역시 활발해졌다.

집단지능은 하나의 콘텐츠에 대해 여러 사람이 글을 쓰고 수정하면서 콘텐츠를 완성해나가는 위키 방식에 의해 대표적으로 나타난다. 미국 펜실베이니아대학 와튼스쿨을 중심으로 1,400명이 인터넷으로 저술한 《크라우드 소싱》이나, 사용자가 마음껏 글을 작성하고 수정할 수 있는 인터넷 백과사전 위키피디아www.wikipedia.org는 집단지능의 힘을 잘 보여준다.

위키는 1994년 미국의 컴퓨터프로그래머 워드 커닝햄이 고안한 것으로 디자이너와 프로그램의 도움을 받지 않고 웹사이트를 만들고, 쉽게 수정할 수 있도록 설계되었다. 커닝햄은 하와이어로 '빨리 빨리'라는 뜻을 지닌 '위키 위키'로 이름을 붙였다.

위키가 널리 알려진 것은 지미 웨일즈가 온라인 백과사전 사업이 실패한 뒤, 2001년 위키 방식을 도입해 위키피디아를 만들면서다. 웹 2.0의 간판 서비스인 위키피디아는 엘리트들이 지식을 독점 생산하는 구조에서 대중에 의한 지식 생산 체제로 전환을 가져와 '위키노믹스', '위키매니지먼트' 등 경제와 경영부문에서도 벤치마킹의 대상이 되고 있다.

2005년 2월 문을 연 유튜브www.youtube.com는 2006년 〈타임〉지가 올해의 발명품으로 선정하는 등 가장 대표적인 동영상 UCC사이트다. 지금 이 순간에도 유튜브를 통해 전 세계 많은 사람들이 아이디어를 서로 배우고 공유하고 있다. 미국에서는 개인들이 자체 제작한 동영상을 올리는 유튜브와 달리 대형 미디어 그룹들이 동영상 서비스를 제공하는 홀루www.hulu.com가 인기를 끌고 있다.

폭소노미Folksonomy는 '사람들에 의한 분류법(folk+nomos)'의 뜻을 가진 합성어다. 이는 게시물을 표현하는 꼬리표인 태그를 검색수단으로만 사용하는 게 아니라 하나의 디렉토리나 메뉴인 것처럼 활용하는 대중에 의한 분류법이다. 플리커www.flickr.com가 대표적인 폭소노미를 이용한 사이트다. 이는 전통적인 디렉토리 방식인 택소노미Taxonomy보다 체계적이지는 않지만 훨씬 자유롭다. 폭소노미를 통해 대중의 지혜를 엿볼 수 있다.

페이스북www.facebook.com, 트위터www.twitter.com, 인스타그램www.instagram.com, 링크드인www.linkedin.com, 핀터레스트www.pinterese.com와 같은 소셜 미디어를 이용한 소셜 네트워크가 인맥관리와 전문가적 식견을 구하는 새로운 수단으로 각광받고 있다. 최근에는 즐겨찾기를 웹에서 공유하는 소셜 북마크라는 개념도 나오고 있다.

다른 회사에서 개발한 검색엔진이나 쇼핑몰 솔루션을 사용할 수도 있다. 그 회사가 공개한 애플리케이션 소스를 이용해 사업을 할 수 있는 것이다. 인터넷 쇼핑몰 개설을 예로 들면, 아마존닷컴에 가면 아마존에 등록된 수백만 가지의 상품들을 아마존의 쇼핑몰 솔루션을 이용해서 마음대로 구성하고 자기 도메인에 연결·판매할 수 있게 되어 있다. 다른 기업의 솔루션과 상품을 가지고 자기 쇼핑몰을 만들어 팔기만 해도 되는 시대가 온 것이다.

국내에서도 몇 년 전부터 정치인, 언론인들을 비롯하여 많은 사람들이 트위터twitter를 이용하고, 트위터를 통해 새로운 인맥을 만들고 있다. 또한 정부는 국민의 집단지능을 활용해 정책을 만들기 위해 많은 정책 아이디어 공모전을 개최하고 있다. 국민의 제안과 아이디어로 국가정책을 함께 만들어나가는 정부차원의 사이트도 개설하여 운영하고 있다.

최근에는 전세계적으로, 특히 미국을 중심으로 쿼키Quirky, 캐글Kaggle, 테크숍Techshop 등의 아이디어 구현 플랫폼들이 만들어져 활발하게 운영되고 있다. 이러한 아이디어 구현 플랫폼은 아이디어를 가지고 있는 사람들이 전문가를 비롯한 많은 사람들의 도움을 받아 아이디어를 발전시키고, 3D 프린터 등을 이용하여 아이디어를 제품이나 솔루션으로 만들어내며 생산·판매나 수익을 얻을 수 있도록 만든 플랫폼이다. 국내에서도 아이봉 등 여러 회사가 아이디어 구현 플랫폼을 운영하고 있으며, 공공부문에서도 창조경제타운www.creativekorea.or.kr, 무한상상실, 시제품제작터 등을 운영하고 있다.

제임스 서로위키가 《대중의 지혜》에서 말했듯 집단지능을 발휘하려면 집단 구성의 다양성, 권한의 분산성, 구성원 상호간의 독립성, 대중의 의견을 종합하는 적절한 방법이라는 4가지 조건이 충족되어야 한다. 집단지능을 활용할 때에도 이러한 점을 먼저 인식하여 대중의 지혜가 아닌 '군중심리'를 잘못 사용해서는 안 된다.

아이디어 구현 플랫폼

아이디어 구현 플랫폼은 계속 증가하고 있고 그 기능도 다양해지고 있다. 사내 기업가정신과 사업모델 혁신에 관한 컨설팅 회사인 보드오브이노베이션 (Board of Innovation)은 오픈이노베이션(Open Innovation)과 크라우드소싱 (Crowdsourcing) 관련 수 십 여개의 플랫폼을 나열하고 있는데, 여기에서는 대표적인 몇 가지 사례만 살펴보도록 하겠다.

1) 쿼키_소셜 평가형

https://www.quirky.com/invent

쿼키는 24살의 발명가이자 벤처기업가인 벤 카우프만이 2009년 설립한 회사로 개인이 아이디어를 내면 여러 단계를 거쳐 아이디어를 선정하고, 선정된 아이디어에 대해서는 쿼키가 설계, 디자인, 제작, 판매까지 담당해주는 아이디어 구현 플랫폼이다. 3D 프린터를 이용한 개발과 온라인 판매 등 신속한 프로세스로 복제제품 (카피캣)을 방지하고 있다. 아이디어 평가는 크게 3단계로 직원과 일반인 커뮤니티의 평가를 통한 피드백, 전문가 평가를 거쳐, 매주 목요일 7시(뉴욕)에 생방송되는 평가로 아이디어를 선정한다. 휘어지는 멀티탭(Pivot Power), 스마트폰 결합 멀티탭(Pivot Power Genius), 멀티 와인 오프너(Verseur), 계란 노른자 분리기 (Pluck) 등의 제품이 상업화되었다.

2) 이노센티브_솔루션 경쟁형

https://www.innocentive.com/

이노센티브는 질 파네타, 제프 헨슬레이, 대런 캐롤, 앨피어스 빙햄이 2001년 설립한 회사로 기업이나 기관이 필요로 하는 기술을 전 세계 수십만 명의 외부전문가가 해결할 수 있도록 중개하는 플랫폼이다. 문제해결을 의뢰한 기업이 제출된 해결방안을 검토해 최고의 대안을 선택하고, 상금을 지급하는 방식으로 운영된다. 2001년부터 2013년 8월까지 제시된 1,650건의 문제에 대해 1,500개의 해결책이 채택되어 성공률은 약 85퍼센트 수준(누적 상금 약 4,000만 달러)이다. 1989년 유조선 엑손발데즈호 사고에서와 같이 기름과 물이 함께 얼어붙을 경우 기름을 제거하지 못하는 문제를 17년 동안 해결하지 못하고 있다가, 이노센티브를 통해 불과 3개월 만에 정유 관련 전문가가 아닌 콘크리트 엔지니어 존 데이비스가 콘크리트가 굳지 않도록 진동을 이용하는 방법을 원유에 적용해 해결하고 2만 달러의 보상금을 수령한 사례가 대표적이다.

3) 캐글_솔루션 경쟁형
http://www.kaggle.com/

캐글은 28세의 거시경제모델 전문가 앤서니 골드블룸이 2010년 설립한 빅데이터 분석 플랫폼 업체로서 문제를 의뢰하는 기업과 해결책을 제시하는 데이터 분석가 간의 가교 역할을 한다. 쉘(Shell), 지이(GE), 나사(NASA), 페이스북, 아마존, 마이크로소프트 등이 회원사로 참여하여 과제를 발주하고, 캐글에 등록한 전 세계 20만 명의 전문가와 데이터분석가들이 문제해결에 도전한다. 회원사들이 매월 지불하는 3만~10만 달러의 회비로 운영하고, 문제해결을 원하는 사람이나 회사는 자신의 데이터를 제공하고 경쟁을 통해 문제해결을 요청할 수 있다. 보험회사 올스테이트(Allstate)는 차종에 따라 교통사고 확률을 예측하는 모형을 발주하여 기존보다 예측력이 340퍼센트 향상된 모델을 개발했다.

4) Y콤비네이터_사업역량 육성형
https://www.ycombinator.com/

와이콤비네이터는 프로그래머이자 벤처기업가인 폴 그레이엄이 2005년 설립한 회사로, 아이디어 제안팀(스타트업)을 훈련시켜 투자자들과 연결해주는 플랫폼이다. 아이디어 제안팀에게 사업화 교육, 멘토링, 투자자 네트워킹 등을 제공해 아이디어 실현역량을 제고시키고, 이들 스타트업에게서 2~10퍼센트의 지분을 받아 수익을 창출한다. 지금까지 DropBox, ZeroCater, Airbnb 등 700여 개의 벤처 기업에 투자해 성장시켰다.

5) 테크숍_제조설비 제공형

http://www.techshop.ws/

테크숍은 짐 뉴튼, 리지 맥기가 2006년 설립한 회사로 저렴한 가격에 첨단 제조 설비를 마음껏 활용할 수 있는 기반을 제공하는 플랫폼이다. 회원으로 가입하면 (월 175달러, 연 1,395달러) 3D프린터, 레이저 커터, 3D디자인 소프트웨어 등을 자유롭게 사용할 수 있도록 해주고, 장비 사용교육, 컨설팅 프로그램 운영, 시제품 제작 대행 등의 서비스도 제공하고 있다. 도도케이스(양장본 책표지 형태의 태블릿 PC 케이스), 미숙아 체온 유지 담요(미숙아 상태에 따라 온도가 변하는 담요) 등의 성과물이 있다.

6) 킥스타터_투자금 제공형

www.kickstarter.com

킥스타터는 2009년 페리 첸, 얀시 스트릭클러, 찰스 애들러가 세운 회사로, 예술, 음악, 만화, 디자인, 기술 등 15개 분야의 창업가에게 일반인의 자금을 연결시켜 주는 크라우드 펀딩(Crowd Funding) 플랫폼이다. 수백만 명이 참여하여 프로젝트에 자금을 지원하고 있다. COOLEST COOLER는 목표액의 26,570퍼센트인 13,285,226달러를, 페블(Pebble) 손목시계는 목표액의 10,266퍼센트인 10,266,845달러의 투자금을 모았다.

소비자 선호 웹 서비스 10선

미국의 IT온라인 미디어인 리드라이트웹닷컴(readwiteweb.com)사는 대중적인
선호도와 기술 혁신성, 서비스 모델의 참신함 등 2009년에 끼친 영향을 고려해
소비자 선호 웹 서비스 10가지를 선정했다.

1) 빙

http://www.bing.com

2009년 6월 마이크로소프트는 빙(bing)이라는 검색엔진 서비스를 개시했다. 검
색시장에서 구글에 대항할 경쟁자가 없었지만 빙이 등장하여 네티즌들의 선택권
을 늘려주었다.

빙의 검색엔진은 구글처럼 네티즌 클릭수에 따라 배열되는 것이 아니라 자체적으
로 개발한 기술을 통해 네티즌이 무엇을 검색하고 요구하는지 알고 그에 맞는 대
답을 주는 것에 초점을 둔다. 웹페이지가 기하급수적으로 늘어나면서 검색결과가
너무 많이 보이거나 불필요한 광고, 정보 등이 떠다니는 것을 막고 네티즌이 원하
는 정보를 걸러내 의사결정을 돕는 검색결과가 나오도록 한 것이다.

2) 울프럼알파

http://www.Wolfram Alpha.com

울프럼알파 역시 구글이 독점하다시피 한 검색 시장에 도전하는 검색엔진이며
2009년 5월에 서비스를 개시했다. 울프럼알파는 구글처럼 인터넷에서 검색하는
것이 아니라 자체 수집한 정보를 활용한다는 점이 다르다. 또 일반 검색엔진처럼

인터넷에 올라 있는 정보를 나열하는 방식이 아니라 정량적인 데이트를 자체적인 계산과정을 거쳐서 보여준다. 특히 수식계산, 주가 데이터, 지리 데이트 등 수치 정보를 비교 분석하는 데 탁월한 능력을 보인다.

예를 들면 울프럼알파에 '에베레스트(Everest)'를 입력하면 에베레스트산의 높이와 산의 위치 및 인근 지역의 산에 대한 정보를 그래프와 차트로까지 보여준다.

3) 구글크롬

http://google.com.chrome

구글크롬은 2008년 말에 구글이 새롭게 개발한 오픈소스 웹브라우저이다. 크롬이 웹브라우저 시장에서의 점유율은 아직 낮지만 간단하고 효율적인 사용자 인터페이스 제공과 인정성과 속도로 인해 브라우저 전쟁이 다시 시작되게 만들었다.

4) 포스테러스

http://posterous.com

포스테러스는 번거로운 등록 절차 없이 이메일로 자신이 원하는 사진이나 MP3 파일, 비디오 등을 보내면 블로그가 사용자의 이름으로 등록되고 자동으로 포스팅되는 새로운 서비스로, 2009년 5월에 개시되었다. 물론 트위터, 페이스북, 유튜브 등의 사이트에도 자동으로 포스팅하게 설정할 수 있다.

요즘 국내에 스마트폰 바람이 불면서 아이폰으로 사진을 찍거나 동영상을 촬영한 후 바로 자신의 포스테러스 블로그 사이트에 포스팅 하는 사용자들도 차츰 늘어나고 있다.

5) 훌루

http:// www.hulu.com

훌루는 NBC 유니버설과 뉴스코퍼레이션이 공동 설립한 벤처기업으로 미국 방송

사들의 영화, 드라마, TV 쇼, 뮤직비디오 등 고화질 동영상 공유서비스를 제공한다. 네티즌의 UCC가 아닌 대형 미디어가 기업이 제공하는 동영상 콘텐츠가 주류를 이루고 있다는 점에서 유튜브와 구별된다.

훌루는 광고수익 모델을 통해 합법적으로 동영상을 제공함으로써 누구나 무료로 이용 가능하다. 아쉬운 점은 훌루는 아직 미국 내에서만 서비스를 한다는 점이다.

6) 트위트덱

http://www.tweetdeck.com/

트위터가 API(Application Programing Interface, 애플리케이션에서 사용할 수 있도록 운영체제나 프로그래밍 언어가 제공하는 기능을 제어할 수 있도록 사용하는 인터페이스)를 개방한 덕분에 사용자들은 트위터 웹페이지보다 다양한 애플리케이션을 이용하는 경우가 많다.

특히 데스크탑 애플리케이션과 모바일용 애플리케이션은 트위터의 접근성과 반응성을 높여주어 서비스의 흥미를 높여주는데, 트위트덱도 트위터에 접속 가능한 데스크탑 애플리케이션 중 하나다.

트위트덱을 사용하면 트위터의 Following(이야기 듣기로 결정)한 유저의 정보들을 실시간으로 확인(알람 가능)할 수 있으며, 링크를 짧게 줄여 포스팅할 수 있고, 이미지를 바로 업로드해서 포스팅할 수 있다.

7) 트위터

http://twitter.com

트위터는 샌프란시스코 지역의 벤처기업 오비어스 코프(Obvious Corp)가 만들어 2006년 서비스를 개시한 무료 소셜 네트워킹 겸 마이크로 블로깅 서비스이며, 유명인들도 즐겨 사용하고 있다.

블로그와 SMS의 장점을 결합한 것이 특징으로, 단문만을 이용하므로 이동통신 사용으로도 편리하다는 장점을 살렸다. 트위터의 사용자들은 서로 아이디를 공유한 범위 내에서 자신의 생각을 140자 이내로 간단한 글로 인터넷과 휴대폰을 활용해 표현할 수 있으며 이에 대한 답글을 실시간으로 전송받으며 정보를 교환할 수 있다.

8) 아드바크

http://vark.com

아드바크는 사용자들의 질문에 대해 웹페이지가 아니라 소셜 네트워크의 사람들로부터 답을 해주는 검색 서비스다. 네이버의 지식IN과는 달리 아드바크는 빈번히 요구하는 질문을 저장하지 않는다. 이 서비스의 목표는 자신의 소셜 네트워크에서 전문가들로부터 현재의 대답을 얻는 것이라 할 수 있다.

페이스북과 구글을 연결해서도 가입할 수 있다. 아드바크에 가입하면 수동으로 주소록을 생성할 수 있고 다른 웹메일 서비스에서 주소록을 가져와 이미 아드바크를 이용하는 사람을 알 수 있다. 아드바크는 제공한 정보, 프로필에 언급되어 있는 내용, 친구들과의 상호작용 및 다른 근거에 기반하여 주소록에 있는 사람들의 관심과 전문 분야를 분석한 후 특정한 토픽에 관해 질문한 사람에게 답을 해준다.

9) 구글보이스

http://www.google.com/googlevoice/about.html

구글의 전화관리 서비스 구글보이스는 인터넷 전화로 사용되면서 하나의 전화번호를 연결시킨 여러 대의 전화를 동시에 울리거나, 남겨진 음성 메시지를 하나로 통합하는 서비스를 제공한다.

구글보이스 번호로 SMS 메시지를 보내거나 받을 수 있는데, 이 메시지는 휴대폰으로 전송되며, 추후에 검색을 할 수도 있다. 또한 보이스메일을 텍스트로 제공해 음성메시지의 녹취록을 만들어 이를 모아두고 나중에 검색할 수 있다.

10) 페이스북

http://www.facebook.com

페이스북은 현제 세계 1위의 소셜 네트워크 사이트다. 페이스북은 자사의 플랫폼을 외부개발자에게 개방하면서 눈부신 성장을 하게 되었다.

페이스북은 전형적인 소셜 네트워크 기능에 충실한 서비스다. 친구를 맺고 친구의 친구를 알게 되어 인맥을 확장하고, 정보를 친구들 사이에 공유하는 방식으로 이루어진다. 서로 알고 지내던 사람들 간의 상호연결은 가능하지만, 친구로 설정되지 않으면 정보 공유가 불가능하므로 폐쇄적 관계망 기반의 서비스라 할 수 있다.

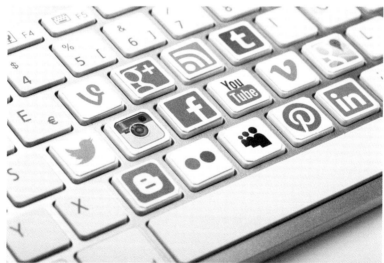

6장

만 남

살아 있는
교과서를 가져라

처음에는
아무리 터무니없이 들려도
독창적인 아이디어를 가진
사람에게 주의를 기울여라.

사고에 제한을 가하면,
남들을 따라만 가는
바보를 얻게 된다.
사람들에게
필요한 여유를 주어라.

윌리엄 맥나잇 *William McKnight*

창의성을 위한 기초체력을 기르기 위한 경험 중 가장 직접적인 경험은 사람을 만나는 것이다. "지식이란 어떤 장소에 저장되어 있는 것이 아니라 어떤 기관이나 지역의 전통, 또는 그곳에 살고 있는 특별한 사람에게 속해 있는 것이기도 하다"라는 칙센트미하이의 말처럼 사람을 만나는 것은 지식을 습득하기 위한 중요한 방법 중 하나다.

사람을 만나는 것은 책을 통해 지식을 얻는 것보다 생생한 정보를 얻을 수 있다는 장점이 있다. 무술 실력을 키우기 위해서 산 속에 들어가 수십 년 동안 수련하거나, 고시를 보기 위해서 책을 들고 절로 들어가 오로지 책과 씨름하는 형태로는 창의성을 키우기 힘들다.

사람을 만나는 것이 가장 중요하다. 여기에서 모든 관계가 만들어진다. 부모와 자식, 남편과 아내, 스승과 제자, 직장 상사와 부하, 친구 사이 등 우연히 만들어진 관계도 있고, 자신의 의지에 의해 만든 관계도 있다. 어떤 사람을 만나는가가 그 사람을 만든다. 내 의지에 의한 만남이 아닐지라도 그 만남이 나를 만든다.

사람을 무조건 만나는 것이 아니라 논어의 '삼인행 필유아사(三人行 必有我師, 세 사람이 길을 걸으면 그 안에 반드시 나의 스승이 있다)'라는 말처럼 모든 사람에게서 배우겠다는 열린 자세를 갖는 것이 필요하다. 선생님이나 윗사람에게만 배우는 것이 아니다. "업은 아이에게도 배울 것이 있다"라는 말이 있듯이 동료나 아랫사람에게서도 배우려는 자세가 역시 필요하다. 다양한 사람들과 만나는 모든 삶의 현장을 '창의성을 키우는 살아 있는 교과서'로 삼아야 한다.

사람이 많아지면 아이디어가 많아진다 *

아이디어는 사람에게서 나온다. 따라서 사람이 많아지면 자연스럽게 아이디어도 많아진다. 사람들은 서로 영감을 주기 때문에 사람이 두 배로 늘어나면 아이디어는 두 배 이상으로 늘어나고, 사람이 많아지면 시장이 커지기 때문에 발명을 하고자 하는 인센티브도 커진다. 이러한 이유로 인구가 많았던 곳에서 문명이 발생했다. 문명의 발상지들을 보면 인구가 많았던 곳이었다.

한 사람을 자주 만나서 깊게 아는 것도 필요하지만 친구, 지인, 친척, 직장동료 이외에 다양한 사람을 만나는 것도 그에 못지않게 중요하다. 다른 업종에 종사하는 사람과의 교류도 넓히고, 폭넓은 세대의 사람들과 접할 수 있어야 한다. 어차피 전 인류를 다 만날 수는 없기 때문에 한 사람을 제대로 알아서 인류를 이해하겠다는 사람도 있겠지만, 많은 사람을 만나는 쪽이 인류에 대해 이해하는 데 조금 더 가까이 갈 수 있지 않을까 한다.

사람을 만날 때 그 사람이 세상과 사물을 보는 관점을 배우는 것이 중요하다. 사람마다 가치관이 다르고, 나라나 지역마다 문화가 다르기 때문에 여러 나라 사람을 만나고 그들을 이해하려고 노력하는 것도 필요하다. 좋은 만남이 좋은 운명을 결정한다고 한다. 많은 사람을 만나면 더 다양한 사고를 하게 되고, 창의적인 사람을 만나면 더 창의적이 되는 것은 당연하다.

해외여행뿐만 아니라 국내에서도 조금만 생각하면 다양한 나라 사람들을 쉽게 만날 수 있다. 외국인과 그 문화를 더 잘 이해하기 위해서는 외국어에 관심을 가져야 한다. 적어도 하나의 외국어를 할 줄 아는 것도 도움이 된다. 독일의 수학자 카를 프리드리히 가우스는 60세가 넘어서 어렵다고 소문난 러시아어를 독학으로 배워, 읽고 쓸 정도가 되었다고 한다.

늦었다고 생각하지 않고 새로운 언어를 배우는 것이 당신의 창의성을 깨워줄 것이다. 외국어는 그 나라 사람들의 사고 체계를 가르쳐주기 때문에 한국어와 연관관계가 먼 외국어일수록 더 새로운 방식으로 세상을 보도록 해준다.

그럼 어디서 다양한 사람들을 만날 것인가? 무인도가 아닌 이상 어느 곳에서든지 사람을 만날 수 있다. 우리가 생활하는 가정, 학교, 직장에서 늘 만나던 사람을 만나려는 것이 아니라면 평소에 가지 않던 곳에 가야 한다. 시장에 가면 많은 사람을 만날 수 있고, 다양한 삶의 형태를 볼 수 있다. 특정 주제와 관련해 열리는 각종 세미나, 심포지엄, 포럼, 공청회, 강연회, 워크숍도 있고, 좀 더 깊이 있게 무엇인가를 다룰 수 있는 협회나 학회에 소속되는 것도 한 방법이다. 예를 들면 필자는 시민단체 '사교육 걱정 없는 세상'에서 주최한 토론회와 시민 아카데미(일명 '등대지기 학교')를 통해서 교육에 관한 많은 지식을 쌓고 다양한 사람을 만나기도 했다.

다양한 사람을 만나는 것은 다양한 관점을 배우는 기회가 되는 동시에 사회적인 네트워크를 형성하는 기회도 된다. 우리나라에서도 그렇지만 다른 나라에서도 성공하려면 좋은 사회적 네트워크를 구축해야 한다. KBS 2TV〈경제비타민〉프로그램에서 세계 최고부자 다섯 명의 성공습관을 보여준 적이 있다. 이 중 성공습관 3위를 차지한 스타벅스의 하워드 슐츠는 매일 다른 사람들과 점심식사를 한다고 소개되었다. 매일 다른 사람들과 점심식사를 하면서 다양한 사람들을 접하는 그의 습관이 스타벅스 커피 매장을 전 세계에 걸쳐 2만 개 이상으로 확장시킨 성공을 가져온 것이다.

✱ 다른 사람의 신발을 신고 생각하라

> **한 화가는 나에게 나무가 되어보지 않고는
> 나무를 그릴 수 없다고 말했다.**
> – 랄프 왈도 에머슨 *Ralph Waldo Emerson*

창의력을 기르기 위해서는 다른 사람의 입장에서 생각할 수 있어야 한다. 다른 사람의 입장을 이해하기 위한 가장 좋은 방법이 다양한 사람을 만나는 것이다. 의사들 특히 내과의사가 환자를 제대로 진찰하고 처방하기 위해서도 감정이입이 중요하다.

'사냥에 성공하려면 사냥감처럼 생각하라'는 말처럼 환자처럼 생각하지 않고서는 환자를 제대로 치료할 수 없는 경우가 많다. 자신을 잘 표현하지 못하는 환자나 심리적인 치료나 정신병리적인 치료를 받기 위해 내원한 환자를 생각해보면 바로 이해가 될 수 있다.

어떻게 하면 감정이입 능력을 높일 수 있을까? 이에 대한 해답으로 많이 제시되고 있는 것이 '주의 기울이기'와 '연극'이다. 연기이론으로 유명한 스타니슬라브스키는 '내적 주의력 inner attention'과 '외적 주의력 external attention'을 연습하고, 자신의 외적 주의력이 미치는 대상이 지각하고 느끼는 것을 상상해보라고 말한다.

소설을 읽으며 등장인물들을 통해서 감정이입을 배울 수도 있다. 셰익스피어는 '나 자신을 보다 잘 이해하기 위해 나는 이 희곡에서 무엇을 배울 수 있을까? 다른 사람을 보다 잘 이해하기 위해 나는 이 희곡에서 무엇을 배울 수 있을까?'를 생각했다고 한다. "연극이 그것이다 The play's the thing"라는 셰익스피어의 말은 감정이입 능력을 키우기 위한 해답을 알려준다. 또한 세계적 베스트셀러 《생각의 탄생》 저자들인 로버트 루트번스타인과 미셸 루트번스타인 역시 많은 창조적인 사람들과의 인터뷰를 통해 연극 경험은 감정이입적 상상력을 촉발하고 증진시켜준다고 했다.

앞서 언급한 '세계 최고부자의 성공습관'에서 다섯 명 중 하나로 소개된 오프라 윈프리는 다른 사람들과 소통을 가장 잘하는 사람 중

하나로 꼽힌다. 그녀의 '사람들과 쉽게 포옹하는' 성공습관도 감정이
입 능력을 키우기 위한 좋은 방안 중 하나다. 2004년 호주에서 시작
된 프리 허그 운동이 전 세계에 확산되기도 했는데 이렇게 포옹은 말
로 소통하기 어려운 정서적 커뮤니케이션을 가능하게 만든다. 그녀가
1985년 미국 아카데미 시상식에서 여우조연상을 수상한 것도 감정이
입과 연극의 관계를 잘 보여준다고 할 수 있다.

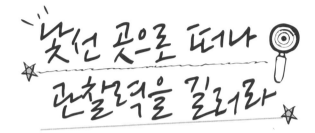

여 행

7장

여행의 목적은
새로운 세계를
발견하는 것이 아니라
새로운 눈을
얻는 것이다.

마르셀 프루스트 *Marcel Proust*

알랭 드 보통의 《여행의 기술》은 언제, 왜 여행을 떠나야 하는지, 또 여행 중에 무엇을 얻는지에 관해 잘 이야기해주고 있다. '우주만물에는 신의 지문*fingerprime*이 있다'는 말이 있다. 세상을 여행하면서 신의 지문을 찾아보는 것보다 더 창의성의 기초체력을 키워줄 방법이 있을까? '여행'이라고 하면 먼 지역으로 떠나는 것을 흔히 생각하지만 낯선 자연과 문화를 경험하거나 마음속, 상상, 미래, 별나라로의 여행에 이르기까지 다양한 종류의 여행도 가능하다.

　여행을 많이 한 사람은 상상력이 풍부하다. 보고 들은 것들이 경험으로 쌓여서 어떤 문제에 직면했을 때 다양하게 생각하도록 해주기 때문이다. 괴테는 이탈리아를 여행하며 크나큰 내적인 성숙을 경험하여 로마에 도착한 날을 '제2의 탄생일'이자 '진정한 삶이 다시 시작된 날'이라고 했다.

　여행은 새로운 자아를 찾는 기회가 되기도 한다. 20대에 꼭 해보아야 할 일 중 하나로 '가능한 한 많은 나라에서 화장실에 가보라'가 꼽히고 자녀의 미각 훈련을 위해서 '15세 이전에 다양한 나라의 음식을 먹이라'는 말도 있다. 물론 미각을 훈련시키기 위해 나이가 들어도 늘 새로운 것을 먹고 맛보려는 노력이 필요하다.

　기업의 대표들도 여행을 통해 새로운 아이디어를 얻으려고 노력한다. 변대규 휴맥스 대표는 '출장의 법칙'을 세워놓고 가능한 한 많은 세계 전시회들을 다니려 하고, 현대카드의 임원진들은 매년 '인사이트 트립'을 통해 아이디어를 찾아 세계를 여행하고 다닌다.

　창의성은 다양성에서 나오는 것이기 때문에 일상생활에서 변화를 만들어 여행과 같은 효과를 내도록 할 수 있다. 통학길이나 출퇴근길을 바꾸거나 다른 교통수단을 이용하는 것과 같은 변화도 여행과 비슷한 효과를 낼 수 있다. 《상상하여? 창조하라!》의 저자 유영만도 "익숙한 길에서 벗어나라. 상상력은 전적으로 잡식성의 산물이다"라고 말하고 있다. 길거리에서도 광고, 쇼윈도, 패션 변화 등 최근의 '살아 있는 정보'를 얻을 수 있다. 우리 주변의 자연에서 꽃과 하늘을 보거나 달과 별을 관찰하는 것도 좋고, 지하철의 광고 카피와 같은 작은 것이라도 관찰하고 생각하는 것이 창의성을 키우는 데 도움이 된다. 프루스트는 이렇게 말했다.

"진정한 발견은 긴 항해 끝에 신천지를 찾는 일과 같은 것이 아니라 매일 접하는 것이라도 다르게 볼 줄 아는 것이다."

여러 나라를 여행하는 것만으로는 아쉬움이 남는다. 아무런 생각 없이 보는 것도 여행자에게 축적되는 것이 사실이지만, 호기심이나 어떤 관점을 가지고 여행하는 것 만큼은 아니다. 관찰을 잘하려면 관점이 있어야 한다. 아는 만큼 보이고, 관심을 갖는 만큼 보이는 것은 일상사에서 뿐만 아니라 여행에서도 마찬가지다.

그 꽃

– 고은

내려갈 때 보았네
올라갈 때 못 본

그 꽃

고은 시인의 〈그 꽃〉은 다양하게 해석될 수 있다. 그중 하나로 항상 존재하는 사물도 관심 여부에 따라 사물이 보이기도 하고 안 보이기도 하기 때문에, 욕심을 내려놓고 주위에 관심을 갖고 삶이라는 여행을 하자는 것으로 해석하면 어떨까. 새로운 곳을 여행하면서 관심을 갖고 주위를 둘러보는 습관을 들이면 관찰력이 길러진다.

학습효과를 높이기 위해서는 쉬지 않고 공부하는 것보다 중간에 휴식을 취하는 것이 좋다는 것이 뇌 연구를 통해서 밝혀졌다. 여행을 통해 제대로 배우기 위해서는 여행 중에 여유를 갖고 멈출 수 있어야 한다. 단지 어디 어디에 다녀왔다고 말하기 위해 여행하는 것이 아니므로 그저 여행지 숫자를 늘리기보다는 잠시 멈춰 여행지의 문화와 사람을 보고, 음식을 맛보는 등 여행을 즐겨보라. 또한 여행에서 돌아온 후 출발하기 전에 가졌던 호기심과 관점에 따라 여행을 정리하는 작업도 많은 도움을 준다.

여행지로 좋은 곳은 어디일까? 《죽기 전에 가봐야 할 1000곳》에 나오는 명소들도 좋겠지만 창의성의 중심지로 알려진 도시들을 찾아가보는 것은 어떨까? 각 대륙의 문명의 발상지를 여행하는 것도 하나의 방법이고, 칙센트미하이가 말하는 시대별 창의성의 중심지인 아테네(기원전 4세기), 아랍 도시들(10세기), 피렌체와 베니스(15세기), 파리, 런던과 비엔나(19세기), 뉴욕(20세기)을 살펴보는 것도 좋은 방법이다.

여행을 한다는 것은 낯선 세계에 대한 경험을 의미하기 때문에 해외뿐만 아니라 다른 지역, 자기에게 익숙하지 않은 곳에서 느끼는 신선함도 새로운 사고방식을 열게 해준다. 따라서 전시회, 박람회, 장난감 상점은 물론 평소에 가보지 않는 곳이라면 도서관, 서점, 학교, 공항, 항구 심지어 커피숍도 훌륭한 여행지가 될 수 있다.

✳ 자연에서 배운다

>" 자연은 결코 실패하지 않는다.
> 자연은 언제나 걸작을 만든다.
> – 오귀스트 로댕 Auguste Rodin "

자연은 지구상에 존재하는 것들 중에서 가장 훌륭한 자극을 준다. 우리가 아이디어를 모방할 수 있는 보고라고 할 수 있다. 그리스 신화의 다이달로스로부터 현대의 생체모방공학 Biomimicry 까지 자연을 모방해 문제를 해결하려는 시도는 무수히 많았고, 그 결과물도 무수히 많다.

최재천 교수는 '자연계에 존재하는 것은 이미 세월의 검증을 거친 것들'이라고 했다. 그는 SERICEO의 '현장브리핑'에서 이렇게 말하기도 했다. "자연은 모든 생물들에게 숙제를 내주었는데 지금 살아 있는 생물은 모두 각자의 숙제를 푼 승리자다." 자연에 있는 것들을 활용해 세상을 바꾸는 창조를 이룰 수 있다는 말이다.

그리스 신화에 나오는 명장(明匠) 다이달로스는 자연을 모방해 많은 것을 설계하고 발명해냈다. 다이달로스는 미노스 왕을 위해 사람의 몸에 소의 얼굴을 한 반인반수(半人反獸) 미노타우로스를 가둔 미궁 Labyrinth을 설계한 사람이자, 이카루스의 아버지로 알려져 있다. 다이달로스는 미노스 왕이 미궁에 관한 비밀을 다른 사람에게 알리지 못하도록 하려고 그를 탑에 가두고 땅과 바다를 감시하자, 자신과 아들 이카루스를 위해 실과 밀납으로 새의 날개와 비슷한 날개를 만들어 섬을 빠져나가려고 했다. 그는 이카루스에게 태양에 너무 가까이 가면 밀납이 녹아 날개가 떨어질 수 있으니 너무 높이 날지 못하도록 했으나 이카루스는 아버지의 말을 듣지 않고 태양으로 날아오르다 날개가 녹아 바다에 빠져 죽고 만다.

신화 속의 다이달로스뿐만 아니라 인류는 오랜 옛날부터 하늘을 날고 싶어 했다. 다 빈치의 노트에 남아 있는 설계도 등을 통해서도 이를 확인할 수 있다. 그는 하늘을 나는 기구를 발명하면서 새를 모방하기도 했다. 인류는 공중에서 한 자리에 떠 있을 수도 있고 후진할 수도 있는 벌새를 모방해 헬리콥터를 만들고, 새들이 꼬리 깃으로 제동을 거는 모습을 본떠 비행기의 보조날개를 제동장치로 이용하기로 했다.

우리나라에서도 이순신 장군이 거북이의 등에서 아이디어를 얻어 거북선을 만들었다고 한다(이순신 장군이 여수시 사도 시루섬에 있는 거북바위에서 영감을 얻어 거북선을 만들었다는 전설이 전해 오기도 한다). 지상전의 필수품인 움직이는 요새 탱크도 거북이를 본떠 만들어졌다.

다 빈치는 인체의 후두에서 영감을 얻어 뮤직 파이프를 설계했고,

알렉산더 그레이엄 벨은 귀에서 영감을 얻어 전화를 발명했다. 진화론을 주장하여 생물학을 비롯한 거의 모든 학문 영역에 영향을 미친 다윈은 비글호를 타고 세계 여행을 하기 전에는 생물학에 대해 관심이 별로 없었다. 그는 비글호 여행을 통해 다양한 자연의 역사를 본 것이 관찰력을 키우는 계기가 되었다고 밝혔다.

성직자였던 멘델은 농부의 아들로 태어나 어릴 때부터 농사일에 익숙했고 자연과 친숙했기 때문에, 완두콩의 재배 과정을 보면서 유전법칙을 발견했다. 조지 드 메스트랄은 '특정한 몇몇 식물이 씨앗을 먼 곳으로 전파하기 위해 동물의 털에 잘 들러붙도록 진화시킨 씨앗의 구조'를 모방해 각종 의류와 신발 등에 사용되는 일명 '찍찍이'라고 불리는 벨크로Velcro 접착포를 발명했다.

신의 건축가라 불리고, 성가족성당(Sagrada Família), 까사밀러(Casa Milà), 구엘공원(Park Güell) 등 자신의 건축물 7개를 유네스코의 세계문화유산으로 인정받은 20세기의 천재건축가 가우디는 '인간에 의해 만들어지는 모든 것은 이미 자연에 있다'며 자연을 친구삼고 스승삼아 자연을 모방해 그의 건축물을 디자인했다.

최근에 활발해지고 있는 생체모방공학은 자연을 연구하고 모방해 인간의 문제를 해결하고자 하는 학문 분야다. 가령 도개교draw-bridge의 원리는 사람의 눈꺼풀을 모델로 유추된 것이다. 연꽃잎의 물을 거부하는 '초소수성(超疏水性)'을 이용해 세차가 필요 없는 자동차 도료, 김이 서리지 않는 유리, 비에 젖지 않는 발수섬유를 개발하는 연구가 활발하게 이루어지고 있으며 자기세정효과(일명 '연꽃잎 효과')를 가진 나노구조입자가 개발되기도 했다.

　신경 모방칩Neuromorphic Chip과 생체공학적 눈을 개발 중이고, 식물의 광합성 작용을 모방한 인공광합성 연구, 콩의 질소고정 작용을 모방한 질소고정 연구 등 자연계의 현상을 인공적으로 활용하는 방안이 세계적으로 연구되고 있다. 도마뱀 발바닥을 모방한 접착테이프, 벽을 기어오를 수 있는 도마뱀 로봇, 물 위를 걷는 소금쟁이를 흉내 낸 소금쟁이 로봇, 곤충을 모방한 0.1그램의 미소기계비행곤충Micromechanical Flying Insece, 마찰 저항을 줄이기 위해 돌고래나 참치의 몸통 점막을 모방한 도료, 블루길의 가슴 지느러미를 이용한 자율형 무인 잠수정Autonomous Undersea Vehicles, AUVs 등도 개발되고 있다.

8장

메 모

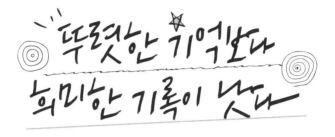

'적자생존'은 "적는 자만이 살아남는다?!"

"뚜렷한 기억보다 희미한 기록이 낫다"

"기억하는 뇌에 맡기면 사라지지만 기록하는 손에 맡기면 살아남는다"

누구나 메모의 중요성은 알고 있다. 다만 실천하지 못하는 것이 문제일 것이다. 창의성을 발휘하는 데 있어서도 메모의 중요성은 크다. 이토엔 창업자인 혼죠 마사노리는 메모지를 손에서 놓은 적이 없다고 한다.

역사상 가장 창의적인 사람으로 일컬어지는 다 빈치가 남긴 메모 중 일부만이 현재까지 전해지고 있는데 그것만 해도 7천 페이지에 달하는 것을 보면 그가 얼마나 메모광이었는지 알 수 있다. 1994년 빌 게

이츠는 이 메모 중 18장을 경매를 통해 3,080만 달러에 매입했다.

미국의 역대 대통령 중에도 메모로 유명한 사람들이 있다. 다재다능한 인간 Renaissance man 으로 알려진 토머스 제퍼슨은 건축가, 발명가, 음악가였고 법률가로 활동했으며 자신이 건축한 몬티첼로 Monteicello 라는 저택에서 살았다. 토머스 제퍼슨은 대통령 재직기간 중에도 시장에서 팔리는 37가지 채소를 일일이 조사해 기록했고, 많은 새로운 식물들을 재배했다. 또한 제6대 대통령인 존 퀸시 애덤스는 평생 일기를 쓴 것으로 유명하다.

떠오른 아이디어나 새로운 정보는 그때그때 적는 습관이 필요하다. 미칼코는 브레인스토밍의 두 가지 기본적인 원리로 '양이 질을 좌우한다'와 '판단을 유보한다'를 제시하고 있는데 먼저 아이디어의 양을 늘리기 위해서는 아이디어를 데이터베이스화해 관리할 필요가 있다.

메모는 두 가지 차원에서 필요하다. 첫 번째는 정보를 확보하는 것인데 듣거나 읽은 정보 혹은 떠오른 아이디어를 잊지 않도록 기록하는 것이다. 두 번째는 자기 자신의 생각이 어떻게 발전되었는지 확인할 수 있도록 생각의 발전경로를 기록하는 것이다.

＊ 정보 모으기

메모는 아이디어를 발전시키기 위한 도약판 역할을 한다. 창의적인 발상을 하기 위해서는 정보를 많이 모아야 한다. '비타민C와 감기'로도 유명하고, 노벨화학상과 노벨평화상을 수상해 노벨상을 두 번 수상한 네 명 중 한 사람인 라이너스 폴링은 "좋은 아이디어를 얻는 가장 좋은 방법은 아이디어를 많이 모으는 것이다"라고 했다. (다른 세 사람은 마리 퀴리, 존 바딘 그리고 프레데릭 생거다.)

책을 쓰는 것도 마찬가지다. 평소에 습득한 정보를 카드나 메모지에 기록한 후 보관하다가 주제별, 소재별로 뽑아 그때그때 사용하는 것이다. 요즘은 컴퓨터의 발달로 데이터베이스화하는 것이 훨씬 쉬워졌다. 이러한 방법은 다산 정약용처럼 많은 책을 집필한 사람에게는 필수적이었고, 다윈과 같은 과학자도 비슷한 방법을 활용했다. 다윈은 평소 참고자료집을 만들어놓고 특정 주제에 대해 조사할 때 본격적인 조사에 앞서 참고자료집을 먼저 검토했다.

메모에도 두 가지 방법이 있다. 첫 번째는 일기와 같이 순차적으로 아이디어들을 기록해나가는 방법이고 나머지는 어떤 주제에 관해 메모를 해나가면서 아이디어를 발전시켜나가는 방법이다. 다 빈치의 메모는 후자에 가깝다. 그는 지속적인 관찰과 반복적인 실험으로 메모의 완성도를 높여나갔다. 《마인드맵 북》의 저자 토니 부잔은 다 빈치가 메모하는 방법에서 창안하여 마인드 매핑을 만들었다. 아이디어를 발전시키기 위해서는 두 가지 방법을 통합해서 다 빈치의 메모처럼 발전시킬 수도 있다.

8 무한대

- 사고를 확산시켜라
- 무의식이 작동하게 하라

생각 3.0
실전테크닉
?!

7 오버 더 레인보우

- 색깔 사고법
- 스캠퍼(SCAMPER) 발상법

6 정육면체

- 여섯 단계 분리법칙 : 연결
- 식스 시그마 : 정밀성
- 식스 플래그스 : 놀이와 유머
- 다윗의 별 : 핵심 찾기와 경쟁자의 자원 이용
- 매직 큐브 : 알고리즘
- 우주(코스모스) : 변화

5 다섯 손가락
- 엄지, 검지, 중지, 약지, 소지
- 오미(五味)나 오감(五感) 발상법

1 킹, 왕, 짱

- 위대한 인물 되어보기
- 명예의 전당 설립하기
- 다른 사람 되어보기
- 단순화하기
- 핵심단어 접근법
- 기존의 아이디어 발상법 사용하기

2 쌍둥이와 거울

- 거울이 복사기는 아니다
- 짝퉁이라고 다 같은 짝퉁은 아니다
- 커져라, 커져라, 저 하늘 끝까지
- 작아져라, 작아져라, 내 귀에 들어갈 때까지
- 거꾸로 보기 : 물구나무를 서라
- 다른 안경으로 보기 : 수정구와 만화경을 보라
- 의식적으로 다르게 보기

3 삼각형과 수학

- 매직넘버 3
- 차원 바꾸기 : 3차원을 벗어나라
- 수학을 이용하라
- 황금비를 이용하라

4 사칙연산과 사분면

- 사칙연산(+, -, ×, ÷) 적용하기
- 서로 관련지을 수 있는 두 개 이상을 더하기
- 하나의 물건에서 일부분을 빼기(지우거나 제거하기)
- 서로 관련 없는 것들을 하나로 연결하기(곱하기)
- 하나를 두 개 이상으로 나누기
- 사분면 이용하기 : 두 가지 기본 성질을 생각하여 분류하고 조합하는 것

구양수는 침상에서 생각나는 것을 적기 위해 울퉁불퉁 옹이가 박힌 목침을 베개로 사용하고, 침상 옆에 지필묵을 놓고 잤다고 한다. 우리 조상들도 명문을 짓기 위해 구양수의 베개를 베고 잤다고 한다. 정민 교수의《다산 선생 지식경영법》에 보면 구양수와 동시대의 사람인 장재에게서 '질서(疾書)'라는 말이 나왔다고 설명하고 있다.

"그러면 어느 순간 깨달음이 오면서 마음에서 의심이 가시는 순간과 만나게 되는데, 그런 순간을 놓치지 않고 메모했다. 이런 방식의 즉각적인 메모 방법을 '질서(疾書)'라고 한다. 질(疾)은 '질주(疾走)한다'는 말에서 알 수 있듯이 '빨리'라는 의미다. 그러니까 질서는 생각이 달아나기 전에 빨리 적는 것을 말한다. 송나라 때 학자 장재(張載)가 《정몽(正蒙》을 지을 때 집 안 곳곳에 붓과 벼루를 놓아두고, 생각이 떠오르면 밤중에 자다가도 벌떡 일어나 등불을 가져다가 메모한 데서 이 말이 처음 나왔다. 이른 바 '묘계질서(妙契疾書)'라는 것이다. 묘계는 번득하는 깨달음이요, 질서는 그것을 놓치지 않고 즉각 메모하는 것이다."

포스트잇과 같은 보조수단을 사용해서 메모의 효과를 높일 수도 있다. 다음 페이지의 광고는 왜 남자들이 포스트잇을 필요로 하는가에 관해 재미있게 표현하고 있다.

포스트잇 광고

잊기 쉽지만, 잊으면 곤란해질 순간을 위해….

THINKING

제3부
생각 3.0$^+$
실전 테크닉

이제 실전에서 바로 사용할 수 있는 테크닉을 소개하겠다.

이 테크닉은 1부터 8까지의 아라비아 숫자에 의미를 부여하고, 각 숫자를 떠올리면 테크닉이 생각나도록 설계되었다. 새로운 발상이 필요한 상황에 처하거나 창의성을 발휘해야 할 어떤 문제가 주어지면, 1부터 8에 결합된 방법들을 하나씩 상황이나 문제에 대입하여 생각해보는 식으로 테크닉을 사용한다. 이렇게 하면 자연스럽게 새로운 아이디어들이 머릿속에서 튀어 나올 것이다.

책을 다 읽은 후 헤르만 에빙하우스(Hermann Ebbinghaus)의 망각 곡선 이론에 근거하여 망각이 되기 전에 각 숫자에 어떤 방법이 결합되었는지 다시 한 번 기억하려고 시도하면 창의력을 키우는 발상의 테크닉을 오랫동안 기억해 사용할 수 있을 것이다.

동
　　해물과
　　백두산이
　　마　르고닳도
록　　하느님이보우
하사우리나라만세
무궁화삼천리화려강산대
한사람대한으로길이보
전하세남산위에저소나무
철갑을두른듯바람서
리불변함은우
리기상일세무
궁화삼천리화려강
산대한사람대한으로
길이보전하세가을하늘공
활한데높고구름없이　　　　　밝. → 우리 땅이다
은달은우리가슴일
편단심일세무궁화
삼천리화려강산대한
사람대한으로길이보
전하세이기상과이맘
으로충성을다하여괴로
우나즐거우나나라사랑
하세무궁화삼천리화려
강산대한사람대한으
로길이보전

하세

〈애국가로 그린 한국지도〉

1은
‘킹, 왕, 짱’*

내가 더 멀리
본 적이 있다면,
그것은 거인들의
어깨 위에
서 있었기 때문이다.

아이작 뉴턴 *Sir Isaac Newton*

‘1’ 하면 누가, 무엇이 생각나는가?

카드를 좋아하는 사람은 에이스(ACE)가 생각날 것이고, 가장 높은 사람 ‘넘버 원’을 생각할 수도 있을 것이다. 일등을 생각하기도 하고, 왕을 떠올리거나 위대한 인물이 그려질 수도 있다.

1은 가장 먼저 등장하는 수이고, 가장 단순한 수이기도 하다. 아이들이 숫자를 배울 때 가장 먼저 배우는 수, 가장 기본이 되는 수다. 돈

이나 어떤 것을 헤아릴 때 0이 아무리 많아도 앞에 1이 없으면 아무것
도 아니라는 말도 있지 않은가.

1의 연상법

1에서 먼저 연상할 것은 **위대한 인물**이다. 이들은 **명예의 전당**에
들어갈 사람들이다. 지금의 내가 아닌 **다른 사람**으로 변화되어
야 최고가 될 수 있다. 1과 같이 **단순**하게 생각하고 **핵심**에 집중
하여 **기존의 아이디어 발상법**을 생각해보자.

✳ 위대한 인물 되어보기

아이디어를 떠올리는 가장 손쉬운 방법은 그 분야의 대가라면 어
떻게 했을지 생각해보는 것이다. 어린 아이들에게 위인전을 많이 읽도
록 하는 것은 위대한 사람들의 인생에 관한 글을 읽고 그것을 배워 아
이들이 자신의 인생을 위인들과 같이 설계하고 살아가기를 바라는 마
음 때문이다. 위대한 사람들이 살아간 궤적 그리고 순간순간 그들이
했던 결정과 행동을 통해서 배울 수 있으니 말이다.

시험을 볼 때 가장 짧은 시간에, 가장 적은 노력으로 성적을 올리

는 방법을 아는가? 한 심리학 실험 결과, 시험이 시작되기 직전에 그 분야의 대가, 선생님, 그 과목을 잘하는 친구를 떠올리는 것만으로도 성적이 올라가는 결과가 나왔다. 이는 먼저 떠올린 정보가 이후에 접하는 정보를 해석할 때 영향을 주는 현상인 '점화효과'의 예라고 할 수 있다. 만약 시험을 앞두고 있다면 평소에 열심히 공부해야 되겠지만, 수학시험이라면 시험 직전에 수학 선생님이나 수학자, 수학을 아주 잘하는 친구를, 영어시험이라면 외국인 선생님이나 해외에 있는 친구 등을 떠올려보라.

기독교인들이 기독교인다워지기 위해서는 모든 일을 할 때 스스로에게 '예수라면 어떻게 할 것인가?'라고 질문하고, 그 대답에 따라 행동하면 될 것이다. 마찬가지로 불교도라면 '부처라면 어떻게 할 것인가?'를, 회교도라면 '마호메트라면 어떻게 할 것인가?'라는 질문을 하며 생활하면 된다. 이렇게 하다 보면 언젠가 그 사람도 예수가 되고, 부처가 될 수 있을 것이다.

창의적인 사람이 되는 것도 마찬가지다. 아인슈타인도 침대 머리맡에 아이작 뉴턴의 초상화를 걸어놓았다고 한다. 지금도 많은 학생들이 자기가 좋아하는 연예인이나 운동선수 브로마이드를 방에 붙여놓고 그 사람을 닮으려고 하는 것을 볼 수 있다. 창의적인 사람이 되기 위해서 다 빈치, 미켈란젤로, 모차르트, 아인슈타인 등 자신이 닮고 싶은 사람을 생각해보라. 주식투자로 부자가 되고 싶은 사람은 워런 버핏, 피터 번스타인 등 주식으로 성공한 사람들을, 기업을 잘 경영하고 싶은 사람은 잭 웰치와 같은 경영의 구루[guru]들을, 운동선수가 되고 싶은 사람들은 그 분야 최고의 운동선수를 떠올려보는 것이다.

명예의 전당(Hall of Fame) 설립하기 *

위대한 사람이 되어보려면 먼저 그 사람이 어떤 사람인지를 알아야 한다. 그 사람에 관한 위인전, 자서전도 읽어보고, 그 인물이 어떤 상황에서 어떤 결정을 내리고 어떤 행동을 했는지를 잘 알아야 자신도 그렇게 할 수 있기 때문이다. 다 빈치라면 어떻게 할 것인가라고 막연하게 생각만 할 것이 아니라, 관련 서적이나 그의 메모 등을 찾아 읽음으로써 다 빈치가 어떻게 생각하고 말하며 행동했는지를 알아야 한다. 단순히 그 사람을 존경한다는 말로는 부족하다.

먼저 각 분야에서 자신이 닮고 싶은 사람들을 선정한 후 그들을 모실 명예의 전당을 만들어놓고 문제가 생기거나 의사결정할 일이 생기면 그들과 상의하는 것이다. 미칼코는《창의적인 자유인》에서 아이디어를 떠올리는 방법으로 다음의 다섯 단계를 제시하고 있다.

1. 개인적인 명예의 전당을 만든다.
2. 과제가 생기면 명예의 전당과 상의한다.
3. 인용문을 반복적으로 곰곰이 생각하며 음미한다.

4. 가장 그럴 듯하다고 판단되는 생각을 골라서 다시 적어 본다.

5. 한 걸음 더 나아간 새로운 아이디어가 떠오를 때까지 5~10분
   의 여유를 갖는다.

 명예의 전당

1. 창의성 부문	2. 주식투자 부문	3. ○○부문
– 레오나르도 다 빈치	– 워런 버핏	?
– 미켈란젤로	– 존 템플턴	
– 가우디	…	
– 피카소		
– 아인슈타인		
…		

자기 자신만의 자문위원회를 만들어 이들의 의견을 구하는 것도 명예의 전당과 마찬가지 효과가 있다. 자문위원회를 만들 때에는 특정 분야의 위인들을 모아놓는 방법도 있으나, 여러 분야의 대가들을 모아 놓고 그들이 주는 아이디어를 결합하는 것이 더 좋다. 시인인 게리 스나이더는 대가는 어디서나 대가이기 때문에 시인이 되고 싶다면 대가가 아닌 시인에게 배우는 것보다 요리의 대가와 같이 다른 부분의 대가에게서 배우는 것이 훨씬 유리할 수 있다고 했다.

평소에 명예의 전당을 만들어놓고 어떤 문제가 생겼을 때 그들과 상의하는 것도 필요하지만 어떤 과제가 주어졌을 때 대가들로 자신

3부

만의 자문위원회를 구성해 활용하는 것도 좋은 방법이다. 변화에 대한 아이디어가 필요한 경우 이에 관한 베스트셀러 몇 권을 읽고 거기에 나오는 대가들로 자문위원회를 구성하거나, 역사적 인물들이 그 주제에 대해 이야기한 사례나 명언을 읽어보며 아이디어를 찾는 것도 한 방법이다. 구글 등의 인터넷을 통해 어떤 인물이나 각 주제에 대한 명언을 찾아 활용하는 것 역시 쉬운 방법이다.

✳ 다른 사람 되어보기

크리스 바레즈는 아이디어를 생각해내는 방법으로 '다른 사람 되어보기 My clever friends'를 제시하고 있다. 《괴짜심리학》의 저자 리처드 와이즈먼도 "어린이나 바보, 친구, 미술가, 회계사라면 문제에 어떻게 접근할까 상상해보라"며 비슷한 방법을 제시했다. 자신이 가장 좋아하거나 존경하는 사람, 그 분야의 대가는 물론 이성 친구, 다른 나라 사람, 동물, 식물, 미생물까지도 되어보자.

감정이입을 통해 개나 고양이처럼 생각해보기도 하고, 꿀벌이나 개미처럼 생각해보는 것, 더 나아가 장미나 해바라기처럼 생각해보는 것도 하나의 방법이다. 이러한 생각에서 많은 애니메이션 영화와 소설들이 나왔다. 전쟁에서 승리하기 위해서는 적국의 입장에서 생각해보는 것이 전략 수립의 기본인 것과 마찬가지다.

✱ 단순화하기

"
자연계는 단순한 것을 좋아한다.
아이작 뉴턴 *Sir Isaac Newton* "

영국의 소설가이며 노벨문학상 수상자인 윌리엄 골딩은 "가장 위대한 아이디어는 가장 단순한 것이다"라고 했다. 또 호소야 이사오는 《지두력》에서 생각하는 힘의 본질을 '결론부터, 전체로, 단순하게'라고 제시하고 있다. 발상력은 모델화, 가지치기, 유추 등을 통해 추상화하는 것이다.《시에서 아이디어를 얻다》의 저자 황인원이 말한 것처럼 단순화는 '제거 단순화'와 '통합 단순화'의 두 가지로 나눌 수 있다.

제거 단순화는 기존의 것에서 복잡한 것을 없애서 단순화하는 방법이고, 통합 단순화는 여러 개를 합하여 간단하게 만드는 방법이다.

청바지 회사로 유명한 게스GUESS도 단순화를 통해 성공을 거두었다. 게스는 1983년 이전에는 여성용 청바지만을 생산했는데, 사업 초기에 여성들이 이상적으로 생각하는 허리 사이즈인 24인치 미만의 청바지로 사이즈를 단순화했다. 이것이 여성들의 게스에 대한 수요를 자극해 성공을 거둔 것이다.

광고로 유명한 코카콜라, 말보로, 맥도날드, 나이키의 광고를 제치고 지난 한 세기 동안의 최고 광고로 평가받은 것은 바로 폭스바겐의

34

1959 tire only at vw-classicparts.de

Think small.

"Think Small"
폭스바겐의 비틀 광고

1959년 "Think Small(작게 생각하라)" 광고이다. 비틀의 작은 이미지 하나를 제외하고는 모두 여백으로 처리해 작은 비틀을 강조하고, 하단에 작은 글씨로 작은 차를 소유하는 것의 장점을 기술해 놓았다. 화려함을 강조하던 당시 자동차광고 관행과는 전혀 다른 이 광고는 50년이 훌쩍 지난 오늘날의 눈으로 봐도 멋지다.

아인슈타인은 대상을 단순화하는 것만으로는 충분하지 않고 '모든 것은 더 이상 가능하지 않을 정도로 단순화되어야 한다'고 자신의 연구논문 한 귀퉁이에 써놓았다고 하는데, 이는 '같은 결론에 도달하는 여러 이론 중에서 가장 간단한 것이 제일 좋다'는 오컴의 면도날 occam's

168

_{razor} 법칙과 맥을 같이 한다. 특히 아이디어를 마케팅할 때는 단순하지 않으면 안 된다. 독일의 창조경영 컨설턴트 옌스-우베 마이어는 이렇게 말했다. "세 문장으로 압축해서 설명할 수 없는 아이디어는 좋은 아이디어가 아니다." 학습법에 있어서도 '단순할수록 좋다'는 사고방식을 적용하면 놀랄 만한 효과가 있다.

✱ 핵심단어 접근법

핵심단어 접근법_{The Key Word Approach}은 '5W 1H', 즉 누가(who), 언제(when), 어디서(where), 무엇을(what), 왜(why), 어떻게(how)나 예산 또는 가격(how much), 기간(how long), 독창성(unique), 소비자 효용(benefit to customer)과 같이 거의 모든 문제에서 생각해봐야 할 관점을 나타내는 단어들을 기억해낸 다음, 문제에 적용해보는 방법이다. 또한 일상적인 단어들을 쭉 나열해놓고 당면한 문제를 생각하면서 그 단어들을 읽어보며 연상이나 유추를 통해 아이디어를 떠올리는 방법도 있다.

전자의 방식을 적용할 때 여러 단어들을 결합해서 아이디어를 찾아낼 수도 있다. 사과장수가 이익을 많이 내기 위해 파는 방법을 바꾸는 것에 대해 고민하다가 파는 장소를 바꾸는 것(사과 산지에서 팔지 않고 울릉도에서 팔거나 하와이에서 파는 것 등), 파는 시간을 바꾸는 것(가을에 팔지 않고 저장해두었다가 다음 해 여름에 파는 것) 등을 함께 생각해 이익을 높

3부

일 수 있는 방법을 고안해내는 식이다.

후자의 방법을 위해서는 키워드를 나열해놓고 무작위로 연관 짓는 방법으로 아이디어를 떠올리는 것이다. 어떤 장난감을 만들 것인가는 문제를 그냥 생각할 때보다는 주어진 문제를 다음의 표에 있는 단어들과 연관시켜 생각하는 것이 훨씬 더 많은 아이디어를 이끌어낼 수 있다. 드 보노 박사는 수평적 사고와 관련된 무작위 투입 기법이 가장 단순하면서도 강력한 창의성 기법이라고 했다. 특정 이슈와 관련된 단어들을 여러 사물과 연관시켜 아이디어를 발상해볼 수도 있다.

단어로 하는 연상법

컴퓨터	배	자갈	사막	강	영국	목걸이	침대
손	일본	자동차	높이뛰기	벼룩	영화	물감	광대
꿀벌	구름	피아노	자석	모래	지붕	뱀	개미
굴뚝	마케팅	사다리	자전거	피자	크레용	화학	반도
대륙	태양	우체통	빙산	타워	대륙	계산기	맥주
다이어트	신문	광고	깃발	기차	트럼프	얼음	놀이동산
섬	벨트	거울	첼로	코끼리	만화	고릴라	안경
플루트	나무	비행기	수화	바이올린	머리카락	보물	식물

텔레비전	노트	유리	라디오	봉화	마라톤	화장	카드
바위	스펀지	신발	전화	중국	동물	풍차	과학
침대	마우스	텐트	마당	가축	지구	도로	필름
책	벽	편지	방울	바다	쟁반	물고기	축구

러시아 과학자 겐리히 알츠슐러는 러시아의 특허 20만 건을 분석하여 창의적으로 문제를 해결하는 공통 원리로 '트리즈TRIZ' 기법을 제시했다. 이 기법에서 서로 다른 두 개의 변수가 충돌하는 모순을 기술적 모순Technical Contradiction이라고 하는데 예를 들어, 속도를 높이려면 큰 엔진을 사용해야 하지만, 큰 엔진을 사용하면 무게가 증가하여 속도가 감소하는 것이다. 40가지 발명원리40 inventive principles를 제시하여 이 문제를 해결하는 것도 핵심단어 접근법의 일종으로 볼 수 있다. 어떤 문제(기술적 모순)를 해결하기 위해 40가지 발명원리를 적용해보면서 해결책을 찾는 것이다.

트리즈의 40가지 발명원리

번호	원리	의미	예시
1	분할 (Segmentation)	쪼개어 사용한다. 조립과 분해되도록 만든다.	커터칼날, 다이어리 속지, 자동차범퍼

2	추출 (Extraction)	필요한 것만 뽑아낸다.	살로만 치킨, 영양제, 아웃소싱
3	국부적 품질 (Local Quality)	전체를 똑같이 할 필요가 없다.	전용차선, 스마트폰용 장 갑, 양식용 칼
4	비대칭 (Asymmetry)	대칭이라면 비대칭으로 해 본다.	비대칭 길이 이어폰 선, 비대칭 가위
5	통합 (Consolidation, Merging)	한 번에 여러 작업을 한다.	KTX 시네마, 백화점, 쇼핑몰
6	다용도 (Multi-function)	하나의 부품을 여러 용도로 사용한다.	복합기, 스마트폰
7	포개기 (Nesting)	안에 집어넣기	마트로시카, 코펠, 빌트인 가구
8	평형추 (Counterweight)	방해가 되는 외부의 힘을 이용한다.	씨름 되치기, 방아두레, 기중기
9	사전반대조치 (Preliminary Counter Action)	미리 반대방향으로 조치를 취한다.	예방백신, 보험
10	사전조치 (Preliminary Action)	미리 조치한다.	절취선, 회송용 봉투, 봉투 접착제
11	사전예방조치 (Preliminary Compensation)	미리 예방 조치를 취한다.	에어백, 스페어 타이어, 블랙박스
12	높이 맞추기 (Equipotential)	들어서 옮길 필요가 없게 만든다. 수요자에 맞추어 공급한다.	수준별 수업, 채식주의자 메뉴, 효도폰
13	역방향 (Do it Reverse)	반대로 해본다.	이동도서관, 슬로푸드, 재택근무

14	곡선화 (Curvature Increase)	직선을 곡선으로 바꾸어본다.	회전 교차로, 나선형 계단
15	자유도 증가 (Dynamicity)	부분, 단계마다 자유롭게 움직이기	굴절버스, 접이식 키보드 나 사이드 미러
16	과부족 (Partial or Excessive)	부족하게 하거나, 넘치게 한다.	한정판, 무한리필, 회원제
17	차원변화 (Dimension Change)	1차원을 2차원, 3차원으로 바꾼다. X축을 Y축으로 바 꾸어본다.	QR 코드, 3D 영화, 주차타워
18	진동(Vibration)	진동을 이용한다.	진동 벨, 진동 파운데이 션, 전자레인지
19	주기적 작용 (Periodic Action)	연속적으로 하지 않고 주기 적으로 한다.	서머타임제, 윈터타이어, 신호등
20	유용한 작용의 지속 (Continuity of Useful Action)	유용한 작용을 쉬지 않고 지속한다.	24시간 편의점, 돔구장, 수시모집
21	고속처리 (Rushing Through)	유해하다면 빨리 진행해버 린다.	순간 살균, 소량전용 계 산대, 하이패스
22	전화위복 (Convert Harmful to Useful)	유해한 것은 좋은 것으로 바꾼다.	맞불, 열병합발전소, 노이즈 마케팅
23	피드백 (Feedback)	피드백을 도입한다.	설문조사, 낚시 찌, 주차공간 표시기
24	중간 매개물 (Intermediary)	직접 하지 않고 중간 매개 물을 이용한다.	대리 운전, 택배, 대표 번호
25	셀프서비스 (Self Service)	저절로 기능이 수행되게 한다.	로봇청소기, 자판기, DIY 가구

3부

26	복제 (Copy)	복잡하고 비싼 것 대신 간단한 것으로 대체한다.	마네킹, 시뮬레이션, 전자책, 화상 회의
27	값싸고 짧은 수명 (Cheap Short Life)	한 번 쓰고 버린다.	일회용품, 임시허가증, 일회용 비밀번호
28	기계시스템의 대체 (Replacing Mechanical System)	기계적 시스템을 광학, 음향시스템 등으로 바꾼다.	신호등 안내음, 맥주 온도라벨, 싸이렌
29	공기 및 유압 사용 (Pneumatics and Hydraulics System)	단단한 것 대신 공기나 유압을 사용한다.	에어매트, 물침대, 공기주입식 광고기둥
30	박막 (Flexible Membrane and Thin Film)	얇은 막, 필름을 사용한다.	비닐하우스, 액정 보호필름, 썬팅
31	다공성 재료 (Porous Material)	미세한 구멍을 가진 물질을 사용한다.	그물, 모기장, 정수기 필터
32	색깔 변화 (Changing Color)	색깔 변화 등 광학적 성질을 변화시킨다.	변색 렌즈, 리트머스 시험지, 온도계 머그컵
33	동질성 (Homogeneity)	본체와 주변을 동일한 재료를 사용하거나 비슷하게 만든다.	먹자골목, 커플링, 군복
34	폐기와 재생 (Rejection and Regeneration)	다 쓴 것은 버리거나 복구한다.	녹는 수술실, 충전지, 리필
35	속성 변화 (Parameter Change)	품질의 속성을 변화시킨다.	물비누, 솜사탕, 압축 물티슈
36	상전이 (Phase Change)	물질의 상태를 바꾼다.	에어컨, 가습기, 냉장고

37	열팽창 (Thermal Expansion)	온도변화에 의한 부피변화를 이용한다.	열기구, 수은온도계, 기차레일 틈
38	산화제(Oxidant)	반응 속도를 증가시킨다.	촉매, 변비약, 오존 살균
39	불활성 환경 (Inert Environment)	작업환경을 대체한다.	무균실, 구글 초기화면, 산화방지페인트
40	복합재료 (Composite Material)	동질의 재료를 복잡재료로 대체한다.	철근 콘크리트, 섬유강화 복합재료 헬멧과 자전거

'분할(1번)'을 고려해 마모되기 쉬운 굴삭기의 끝 부분이나 칫솔의 솔 부분만 교체할 수 있도록 부품화하는 것, '비대칭(4번)'을 이용하여 이어폰의 선 길이를 왼쪽과 오른쪽을 다르게 하는 것, '값싸고 짧은 수명(27번)'을 생각하여 일회용 종이컵, 수저, 기저귀, 생리대 등을 만드는 것, '폐기와 재생(34번)'을 고려하여 생분해 비닐봉투, 녹말 이쑤시개 등을 만드는 것과 같이 수많은 사례들을 생각할 수 있다.

✳ 기존의 아이디어 발상법 사용하기

3부

여러 전문가들이 많은 발상법을 만들어놓았다. 이것들을 기억해 두었다가 활용하는 것도 하나의 방법이다.

① 브레인스토밍 _Brain Storming_ 은 여러 사람이 함께 아이디어를 발굴하는 회의로, '비판 금지, 생각나는 대로, 양을 최우선으로' 등과 같은 법칙을 지키면서 자유롭게 의견을 내고 정리하는 방법이다. 물론 브레인스토밍은 창의적 발상 기법이 아니라 회의 기법일 뿐이라는 비판도 있다.

② 차트 _Chart_ 법은 커다란 종이 양 끝에 과제와 목표를 쓰고, 쌍방을 연결시켜 나가는 과정을 차트로 명확하게 만드는 방법이다.

③ KJ법은 창안자인 일본동경공업대학 카와키타 지로 교수의 머릿글자를 따 이름 붙인 방법으로 그룹토의에서 각자의 아이디어를 포스트잇에 적은 후에 그것을 유사 그룹으로 분류해 집약하는 것이다. 한 장의 카드에 하나의 정보를 써넣고 관련이 있는 카드끼리 모아 체계를 세운 후 문제요인들을 심도 있게 찾는다. KJ법을 브레인스토밍과 드 보노의 수평적 사고기법의 대안 단계의 혼합으로 보기도 한다.

④ NM법은 차안자인 나카야마 마사가즈의 머릿글자를 딴 것으로 발상의 대상을 다른 것에 비유하여 그 특징을 분석한 후 이것을 유추하여 아이디어를 얻는 확산적 사고법이다.

⑤ 핀 카드 _Pin Card_ 법은 카드에 아이디어를 써서 옆 사람에게 계속해서 돌리는 방식으로 아이디어를 발굴하는 방법이다. 아이디어가 없던 사람도 다른 사람의 아이디어에서 힌트를 얻어 새로운 아이디어를 낼 수 있게 된다.

⑥ PMI법은 드 보노가 제안한 방법으로 먼저 긍정적 측면Plus points, 다음에 부정적 측면Minus points, 마지막으로 흥미로운 측면Interesting points을 관찰하여 아이디어를 찾는 방법이다.

⑦ 임의기억Random Memory법은 아이디어를 생각나는 대로 써가는 방법으로 큰 종이 위에 키워드를 쓰거나 풍자적인 그림을 그려가며 아이디어를 얻는 방법이다.

 '1'을 이용한 아이디어 발상법 : 킹, 왕, 짱

위대한 인물 되어보기

명예의 전당 설립하기

다른 사람 되어보기

단순화하기

핵심단어 접근법

기존의 아이디어 발상법 사용하기

3부

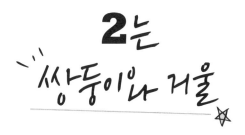

2는 쌍둥이나 거울

눈으로 보고 마음으로 사고하는 사람은 드물다.

아인슈타인

'2'에서는 쌍둥이와 하나를 둘로 만드는 거울을 시작으로 창의적인 아이디어를 만들어내는 테크닉을 배우도록 하자. 쌍둥이는 둘이 똑같을 것이라는 선입견이 있다. 그러나 그것을 깨는 것에 창의성이 있다.

아놀드 슈왈츠제네거와 대니 드 비토가 주연을 맡은 영화 〈트윈스〉는 서로 다른 쌍둥이의 모습을 극명하게 보여준다. 쌍둥이도 일란성 쌍둥이, 이란성 쌍둥이, 세쌍둥이, 네쌍둥이, 동성 쌍둥이, 이성 쌍둥이, 늦게 태어난 쌍둥이 그리고 인공수정에 의한 여러 종류의 쌍둥이 등 많은 조합의 쌍둥이가 있을 수 있다.

거울도 마찬가지다. 우리 모습을 그대로 보여주는 거울만 있는 것은 아니다. 보통의 거울은 좌우만 바꿔 보여주지만, 상하를 바꿔 보여주는 것, 확대시켜주는 것, 축소시켜주는 것, 여러 개로 비춰주는 것, 일부분은 확대시키고 일부분은 축소시켜주는 것 등 다양한 종류의 거울이 있다.

2의 연상법

'쌍둥이와 거울'로부터 **복사기**와 **짝퉁**을 먼저 연상한다. 자기복제의 달인, 손오공이 '**커져라, 작아져라**' 하면서 여의봉을 바꾼다. **물구나무**를 서서 천리를 볼 수 있는 **수정구와 만화경**으로 된 특수 **안경**을 쓰고, 기절했다가 **의식**이 깨어나고 있는 삼장법사를 보려고 한다.

✳ 거울은 복사기가 아니다

3부

생각도 거울처럼 하나가 아니라 여러 가지일 수 있다.《다 빈치의 두뇌 사용법 : 인류 역사상 가장 위대한 천재》의 저자인 우젠광은 창의력을 발휘하기 위해서 '관습적 사고에서 역발상적 사고로, 평면적 사고에서 입체적 사고로, 직선적 사고에서 수평적 사고로, 집중적 사고에서 발산적 사고로'와 같이 사고의 전환이 중요하다고 말하고 있다. 사고방식을 변화시키면 그에 따라 다른 아이디어가 나오게 되어 있다.

사고방식은 사물과 세상을 바라보는 틀이다. 따라서 사고방식이 바뀌면 사물과 세상의 모습도 달라진다. 이와 유사한 것이 지도 제작이다. 3차원 입체를 2차원 평면으로 옮기는 투영법projection의 종류에 따라 수십 가지의 지도가 나올 수 있다. 지구는 하나인데 메르카토르 투영법, 골 투영법, 몰바이데 투영법, 해머아이토프 투영법, 정사투영법, 평사투영법, 방위투영법, 극점투영법, 원통투영법, 원추투영법, 평면투영법, 버크민스터 풀러의 측지투영법 등 투영법에 따라 각기 다른 지도가 나오게 된다.

우리가 가장 많이 보아온 세계지도는 네덜란드의 메르카토르도법에 의해 만들어진 것이다. 이 지도는 항해를 위한 것으로, 한 지점에서 다른 지점으로 이동할 경우 지도상에 직선으로 길이 이어진다. 따라서 이 지도는 지도상 면적이 실제의 면적과 큰 차이를 보인다는 문제가 있다. 극지방으로 갈수록 실제보다 크게 그려져, 예를 들면 그린란드는 아프리카 대륙과 지도상 크기가 비슷하지만 실제는 아프리카가 약 14배 크다. 또한 멕시코보다 훨씬 커 보이는 미국의 알래스카주도 실제로는 멕시코의 87퍼센트에 불과하다.

이러한 지도상의 면적 왜곡을 극복하기 위해 독일의 아르노 페터스는 1967년 골의 투영법을 이용하여 각국의 면적이 실제와 비슷하게 나타나는 세계지도를 만들었다. 위의 두 도법으로 만들어진 지도를 비교해보면 투영법, 즉 같은 세계도 사고체계에 따라 얼마나 많이 달라지는가를 알 수 있다.

메르카토르 세계지도

페터스 세계지도

지도제작과 관련한 이런 투영법은 다른 눈, 다른 안경을 쓰고 땅이 아닌 다른 세계를 보는 것 자체가 새로운 아이디어와 발명품을 준다는 것을 시사한다. 오른쪽의 세계 인구 지도와 세계 인터넷 사용자 지도(2002년 기준)를 보면 우리나라 땅도 상당히 넓은 것을 알 수 있다.

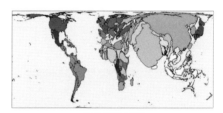

세계 인구 지도

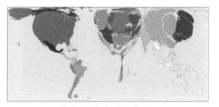

세계 인터넷 사용자 지도

이밖에도 CO_2 배출량 지도, 국가 지능지수[10] 지도, 국기 지도, 유급 출산휴가 지도, 인구밀도 지도, 외국인 환대 수준 지도, 언론 자유도 지도, 식물지도, 1인당 커피소비량 지도, 국가명 지도 등 재미있고 창의적인 지도들이 많다. 특히 국가 지능지수 지도를 보면 한국(IQ 106)은 싱가폴(IQ 108)에 이어 세계 2위로 나와 있는 것이 눈에 띈다.

✳ 짝퉁이라고 다 같은 짝퉁은 아니다

"진짜라는 것은 현명한 모방에 지나지 않는다"는 볼테르의 말을 가장 잘 보여주는 사례가 렘브란트 이후 가장 위대한 네덜란드 화가로 일컬어지고 있는 빈센트 반 고흐다. 고흐는 렘브란트와 밀레를 동경해

밀레의 '만종'(좌)과 고흐의 '만종'(우)

짝퉁이라고 다 같은 짝퉁은 아니다.

서 그들의 그림을 모사했다. 렘브란트처럼 많은 자화상을 그렸고, 밀레의 '만종Angelus', '씨 뿌리는 사람', '낮잠', '걸음마' 등을 모사하여 자신의 '만종', '씨 뿌리는 사람', '낮잠', '걸음마' 등을 만들어냈다.

그의 생애에 팔린 작품은 단 한 점이지만, 그는 10년에 걸쳐 800여 점의 그림을 그렸고 37세의 젊은 나이에 무명으로 생을 마감했다. 안타깝게도 그가 세상을 떠난 후에야 비로소 사람들이 그의 작품을 우러러보기 시작했다.

이탈리아의 사실주의 화가 카르바조는 미켈란젤로의 조각 '잠자는 큐피드'를 보고, 회화를 통해 조각처럼 표현한 '잠자는 큐피드'를 그렸다. 동일한 대상을 장르를 변화시켜 표현해 새로운 예술의 경지로 승화시킨 것이다.

1980년 스웨덴 출신의 팝 그룹 ABBA가 부른 노래 'The Winner Takes It All(승자가 모든 것을 갖는다)'은 '수퍼 트루퍼Super Trouper' 앨범의 첫 번째 싱글 곡으로 여전히 많은 사람들이 좋아하는 팝송 중 하나로 남아 있다. 뮤지컬과 영화 〈맘마미아〉로 많은 사람의 사랑을 받기도 했는데 1995년 경제학자 로버트 프랭크와 필립 쿡은 비슷한 제목의 책 《승자독식사회》를 써서 베스트셀러로 만들었다.

34

✱ 커져라, 커져라, 하늘 끝까지

이 발상법은 손오공이 여의봉을 키우는 것과 같이 우리가 보고 있는 사물이나 정보를 확대시키는 것이다. 발명할 때 가장 먼저 생각하기 쉬운 방법이기도 하다. LCD, PDP 등 모니터의 크기나 전축 등 스피커의 크기를 키우면 새로운 시장을 창출할 수 있다. 또 동종업계 1위의 회사로 만드는 가장 빠른 방법은 인수합병M&A을 통해 덩치를 키우는 것이다.

그러나 무언가를 확대하는 방법을 쓸 때는 확대로 인한 변화 등에 주의를 기울여야 한다. 새나 비행기를 확대할 경우 날지 못하게 되는 수가 있다. 각 길이를 키우면 날개의 면적은 제곱씩 늘어나는 반면 체적은 세제곱씩 늘어나기 때문에 날개가 몸집을 견디지 못할 수 있기 때문이다. 인수합병을 통해 회사의 덩치를 키우는 것도 합병에 따른 X-비효율성(경쟁 압력이 떨어져 기업 내부에 생기는 비효율을 총칭, 여기서는 기업이 커짐에 따라 내부 관리 기능이 떨어져 생기는 비효율을 의미) 등을 고려하지 않으면 합병의 이익은 없어지고 변화에 적응하지 못하는 몸집만 비대한 공룡이 되어 멸망할 수도 있다.

걸리버가 소인국에 갔을 때 한 끼에 소인 1,728($=12^3$)명 분의 식사를 한 것을 통해 소인의 키가 걸리버의 12분의 1 정도였다는 것을 유추할 수도 있다. 걸리버의 경우 똑같은 사람이 나라를 바꾸어 여행하기 때문에 문제가 크게 없으나, 〈두 얼굴의 사나이〉에 나오는 헐크는 갑자기 거인으로 변하는데 이 경우 문제가 생길 수 있다. 사람을 구성하고 있는 세포가 활동하기 위해서는 필요한 에너지를 공급받아야 한다. 이때 세포의 활동은 산소와 당의 확산에 의지하는데 세포가 커지게 되면 산소와 당의 확산속도가 떨어져 필요한 에너지를 제때 공급받을 수 없게 되어 오랫동안 살 수 없게 된다.

배나 비행기의 발달사를 보면 초기에는 배나 비행기를 크게 만들어 위용을 뽐내고 많은 사람을 한꺼번에 수송하려고 했다. 영화 〈타이타닉 Titanic〉이나 〈에비에이터 Aviator〉에 등장한 거대한 배와 비행기를 만드는 시도가 이러한 예이다. 〈에비에이터〉의 소재가 된 하워드 휴즈가 만든 거대 비행기 Spruce Goose는 현존 최대 크기의 상업용 비행기인 보잉 747보다 두 배나 크다. 이 비행기는 1947년 11월 2일, 단 1회, 1분도 못되는 시간 동안 23미터 높이까지 1.6마일을 비행한 후 박물관에 전시되었다.

미칼코의 《창의적 자유인》에 보면 카터 월러스 사가 최근 한 가지 사이즈로만 나오던 표준 제품보다 20퍼센트 정도 더 큰 매그넘 콘돔을 파는데 이것의 판매 실적이 최고라고 한다. 남자들이 큰 것을 달라고 할 때 느끼는 자신감이나 과시욕 같은 것이 판매에 영향을 미치기 때문이다. 물론 이 제품을 사용할 때 주의해야 할 점(?)이 더 많아짐은 당연하다.

미국의 환경운동가인 랠프 네이더는 유통업체들이 소비자들을 부끄럽게 만들어 더 많은 물건을 구입하도록 유도할 목적으로 쇼핑카트를 갈수록 크게 만든다고 했다. 윌리엄스 소노마^{Williams Sonoma}사가 제빵기를 출시했을 때 판매가 부진하여 컨설팅 업체에 의뢰를 했더니, 컨설턴트는 소비자의 '비교하는 구매심리'를 이용하기 위해 처음 제빵기보다 더 크고 비싼 후속 제품을 만들라는 해답을 제시했다.

아이작 뉴턴이 만유인력의 법칙을 발견한 것도 확대의 발상법이 이용된 것이다. 사과가 땅에 떨어지는 것을 보고, 이것을 하늘 위로 확장하여 달을 보며 사과와 지구의 상호작용 그리고 달과 지구의 상호작용의 관계를 비교해 만유인력을 발견한 것이다.

경제학자들은 만유인력의 법칙을 경제학에 적용하여 새로운 법칙을 만들어내기도 했다. 1931년 윌리엄 레일리는 만유인력의 법칙을 두 도시 간의 소매업에 적용하여 두 도시 간 거리와 두 도시의 인구 수(만유인력의 법칙에서 질량에 해당)로 소매업의 상권을 결정하는 원리^{The Law of Retail Gravitation}를 만들었고, 최근에는 많은 경제학자들이 두 나라 사이의 거리, 외교 관계, 무역 정책, 각국의 경제규모, 인구 수 등과 무역량의 관계를 보여주는 '국제 무역에서의 만유인력 모델'을 활용하기도 한다.

이밖에도 이승환 홈플러스 회장은 새로운 지점을 열 때마다 127미터 떡가래, 세계 최대 쇼핑카트, 세계 최대 크기의 축구공, 세계 최대의 DDR 기계, 세계 최대 킥보드 등과 같은 기네스북 마케팅을 펼쳐 언론과 고객의 관심을 끌기도 했다.

작아져라, 작아져라, 내 귓속에 들어가도록 *

축소는 확대와 반대라는 차원에서 접근하면 쉽다. 텔레비전이나 라디오 등을 작게 만들어 휴대가 가능하게 만드는 것을 비롯해 물건을 더 작게 만들어 시장을 창출할 수 있다.

표준 사이즈보다 더 큰 콘돔을 만드는 사례와 마찬가지로 여성용 옷이나 브래지어에 실제 사이즈보다 축소되거나 확대된 사이즈의 라벨을 붙여 판매하는 방법도 있다. 55사이즈라고 하면 실제는 조금 더 큰 사람도 그 사이즈를 입을 수 있도록 하든지, C컵 브래지어라고 하면서 그보다 조금 작은 사이즈의 사람도 착용할 수 있도록 만드는 것 등이 그 방법이다. 이 가짜 사이즈 관행은 미국에서도 많이 이루어졌는데, 역사적으로 이러한 방식으로 사람들의 자존심을 세워주어 매출을 늘리거나 목표를 달성한 사례들이 많다.

각국의 랜드마크가 되는 건축물들의 미니어처를 만들어놓은 테마파크나 뮤지엄이 세계 여러 나라에서 운영되고 있다. 우리나라에도 서울랜드의 피사의 사탑, 제주도의 소인국 테마파크를 비롯해 여러 곳에 이러한 미니어처 건축물들이 건설되어 있다.

포테이토칩은 1853년 뉴욕주 사라토가 스프링스의 한 휴양소의 주방장이었던 조지 크럼이 처음 만들어냈다. 그가 만든 감자튀김이 너무 두꺼워서 잘 익지 않았다고 손님이 불평하자 화가 나서 감자를 얇게

187

잘라 기름에 튀겨냈는데 손님이 그것을 좋아했고 곧 다른 손님들도 이 감자칩을 주문하기 시작해 이 사라토가 감자칩이 아주 유명해졌다. 감자를 얇게 썰어 튀긴 포테이토칩이 미국에서만 연간 40억 달러 규모의 매출에 이르게 될 줄은 아무도 상상하지 못했을 것이다.

스티브 잡스는 제록스가 대형 복사기의 그래픽 사용자 인터페이스로 활용하던 마우스를 축소하여 애플의 소형 컴퓨터에 적용했다. 한 대형 컴퓨터회사의 견습공이었던 하인츠는 소형 컴퓨터를 만들어 중소기업을 비롯한 많은 사람들에게 관심을 불러일으켰다. 영국 출신의 디자이너 제임스 다이슨은 제재소에서 사이클론을 이용해 공기를 정화시키는 것을 보고 이를 축소하여 진공청소기를 만들기도 했다.

축소시키는 방법 중 하나로 용도를 특화시키는 방법도 있다. 1859년 프랑스인 페르디낭 카레가 최초로 만든 냉장고는 발전을 거듭하다가, 최근에는 용도를 특화시킨 포도주냉장고, 김치냉장고와 같은 특화냉장고들이 많이 나오고 있다.

✱ 선택을 축소해도 좋을 수가 있다

최근 이슈가 되고 있는 행동경제학에는 이와 관련된 사례들이 많이 나온다. 전통경제학 특히 합리적 선택이론에서는 다른 조건이 동일할 때 선택의 폭이 늘어나면 좋은 것이라고 생각하는데 행동경제학에서는 그렇지 않은 경우를 많이 보여준다. 우리나라 음식점에서는 김치찌개나 된장찌개와 같이 주 요리 하나만 정하면 다른 것은 선택할 필요가 없다. 하지만 서양식당에서는 에피타이저(전체요리), 수프, 샐러드 소스, 메인요리의 종류와 조리 정도, 디저트 등 여러 가지 주문을 해야 하는데 서양 사람 중에서도 이것을 불편해하는 사람이 의외로 많다.

'오늘의 요리'와 같이 하나의 메뉴로 성공을 거둔 레스토랑의 사례는 바로 이러한 불편에 주목한 것이고, 호텔이나 심지어 슈퍼마켓에서도 선택할 수 있는 상품의 수를 축소하여 판매량을 늘린 사례가 많이 나온다.《블링크》에서 시에나 이엔가르가 캘리포니아의 한 식품점 부스에 각각 6종의 잼과 24종의 잼을 진열했을 때 판매량이 어떻게 변화하는지 실험한 결과가 나온다. 잼이 6종인 부스에서는 멈춘 사람의 30퍼센트, 24종인 부스에서는 멈춘 사람의 3퍼센트가 잼을 사갔다.

✳ 붉나무들 서파

34

> **"**
> **인간은 한 존재가 아니라 두 존재다.**
> 로버트 루이스 스티븐슨 *Robert Louis Stevenson* **"**

잭 포스터는 "아이디어는 반대하는 일이다"라고 언급하며, 주어진 과제에 대해 일단 반대해보면 아이디어가 충돌하는 순간 새로운 아이디어를 얻게 되기 때문에 사사건건 반대하는 습관을 기르라고 강조한다. 새로운 아이디어는 이미 존재하는 아이디어와 싸우면서 생겨나기 때문에 새로운 아이디어를 생각해내려면 과거와는 다르게 접근해야 한다.

창의성의 대가 다 빈치는 메모를 작성할 때도 거꾸로 써서, 거울로 비추어 봐야 제대로 읽을 수 있도록 한 '거울글씨' 기법으로 글씨를 썼다. 이처럼 무엇이든지 뒤집어 보는 것이 새로운 아이디어를 주는 경우가 많다. KT의 올레(Olleh)도 Hello를 거꾸로 읽은 것이다.

일본 교토의 호리바제작소 소개 팸플릿 '아비로(Abiroh)' 역시 '호리바(Horiba)'를 거꾸로 읽은 것이다. 영국의 소설가 로버트 루이스 스티븐슨도 인간의 양면을 고려하여 《지킬 박사와 하이드 씨》라는 소설을 썼다. 로버트 짐러의 《파라독스 이솝 우화》는 이솝 우화를 비틀고 뒤집어서 만들어낸 많은 새로운 이야기를 담고 있다. 여러 사람들이 '토끼와 거북이'와 같이 익숙한 이야기를 비틀고 뒤집어 많은 버전을 만들어내는 것도 같은 기법을 이용한 것이다.

뒤집기는 공부에도 적용되고, 새로운 이론을 만들어 내는 데도 많이 적용된다. 우리는 학교생활을 통해서 주어진 문제를 푸는 데 익숙해져 있지만, 학습한 것을 가지고 새로운 문제를 내려고 할 때 배운 것에 대해 더 깊게 이해하게 되고, 새로운 발상을 하게 된다.

19세기 초 노르웨이의 수학자 닐스 헨리크 아벨이 오차방정식의 불가해성(不可解性)을 증명하기 전까지 많은 수학자들이 오차방정식의 일반해를 찾아내려고 노력했다. 그러나 아벨은 오차방정식의 해가 존재하지 않는다고 생각했고 실제로 그것을 증명해냈다. 아인슈타인도 마찬가지다. 많은 사람들이 빛을 전달하는 물질로 가정한 에테르(aether)의 존재를 증명하는 실험을 하여 실패를 했지만 아인슈타인은 실험결과에 맞는 자신의 이론을 세워 1905년 '특수상대성이론'으로 발표했다. 왓슨과 크릭도 다른 사람의 연구결과를 자신들의 생각에 맞추어 1953년 〈네이쳐(Nature)〉지에 1페이지 분량의 논문으로 'DNA 이중나선 구조'를 제안했다. 이것은 그들에게 큰 명성과 함께 1962년 노벨생리의학상을 타도록 해주었고, 21세기 바이오테크놀로지의 시대를 여는 계기가 되었다.

'불가능한'이라는 뜻을 가진 영어 단어 'Impossible'에 점 하나를 찍고, 띄어 쓰면 '가능해진다(I'm possible)'가 된다. 발상을 바꾸자. 강창희 전 국회의장은 과학기술부장관 시설 모든 직원들에게 '발상을 바꾸면 미래가 보인다'라는 문구가 새겨진 거꾸로 된 한국지도를 나누어 준 적이 있다. 지도에서 북쪽이 위쪽이어야 할 필연적인 이유는 없다. 특히 남반구에서는 그렇다. 그러나 일반적인 지도는 북반구, 남반구를 가리지 않고 북쪽이 위쪽으로 되어 있다. 이에 대한 물구나무 서기로 맥아서는 남쪽이 위로 가는 세계지도를 제작해 판매했는데, 우리나라에서도 남쪽을 위로 만든 거꾸로 된 지도가 제작되어 판매되고 있다.

3부

SBS 프로그램 〈거꾸로 하우스〉의 촬영세트가 되기도 했던 파주 교하신도시의 유비파크(Ubi-PARK) 내에 있는 '거꾸로 하우스'는 지붕 모양이 하늘을 향해 있지 않고 땅을 향해 있다. 이와 비슷한 유형의 거꾸로 하우스를 일본, 독일 등 많은 곳에서 찾아볼 수 있다. 뒤집기 발상을 집에 적용해 재미있게 설계한 것이다.

보통 사진작가나 광고기획자들은 아름다운 것을 보았을 때 찍거나 만들어서 전시를 하고 광고를 하고자 한다. 그러나 1930년대 안드레 케르테츠는 시든 튤립을 찍었고 시든 튤립 사진은 더 오랫동안 사람들의 기억에 남을 수 있었다. 이후에는 사진이나 광고에서 충격을 주기 위해 이런 발상을 적용한 작품을 많이 만날 수 있게 되었다.

일반적으로 사람들은 어떻게 하면 빨리 편지가 배달될까에 대해 아이디어를 내지만, 베이징 798 예술구에서는 편지를 보내는 사람이 지정한 날에 도착하도록 한 '느림보 우체국'이라는 가게가 인기를 끌기도 했다.

《서울 시》의 저자, 시인 하상욱은 보통 제목이 나오고 내용이 등장하는 시의 형식을 뒤집기도 했다. 일상생활에서 경험하고 관찰한 내용을 재미있고 간결하게 시어로 표현한 다음, 그 아래에 제목을 달아, 시를 읽는 사람들에게 먼저 퀴즈를 푸는 것과 같은 궁금증을 유발한 것이다. 이렇게 제

> 끝이
> 어딜까
>
> 너의
> 잠재력
>
> 하상욱 단편 시집 '다 쓴 치약' 中

목을 확인한 후에는 공감과 웃음을 자아내며 인기를 끌기도 했다.

수십 년 동안 IBM은 PC 사업을 비롯한 컴퓨터 산업의 최강자로 군림했다. 그러나 1984년 19세의 마이클 델은 단돈 1천 달러를 가지고 델DELL 컴퓨터를 만들어 우편, 인터넷 등을 통해 소비자에게 직접 판매하고 소비자가 자신의 사양을 조합하여 주문할 수 있도록 함으로써 PC 시장의 판도를 바꿔놓았다. 결국 IBM은 2005년 PC 사업에서 손을 떼고 중국 회사 레노버에게 해당 파트를 매각해야 했다.

델 컴퓨터도 대만의 에이서에게 선두 자리를 빼앗겼다. 2013년 PC 시장에서는 레보버, HP에 이어 DELL이 3위를 차지했다. PC 시장은 새로운 발상으로 지속적인 혁신 없이는 누구도 승자의 자리를 계속 지킬 수 없는 레드오션 시장의 치열한 사례를 잘 보여준다(2013년 DELL 은 단기이익에 급급한 주주들에게서 벗어나 원활한 기업혁신 작업을 진행하기 위해 자발적으로 상장폐지하고 개인회사로 전환하였다. 리처드 브랜슨의 버진그룹과 비슷한 길을 걷는 것으로 보인다).

인터넷의 포털사이트는 네티즌들을 가능한 한 자신의 사이트에 오래 머물게 하려고 한다. 하지만 구글은 이러한 포털사이트와는 반대로 사용자들을 빨리 다른 사이트로 보내 더 많은 수익을 올리고 있다. 어렸을 적 축구에 대해 잘 알지 못했을 때에는 오랫동안 축구공을 잡고 있는 선수가 훌륭하다고 생각했지만, 축구를 보는 안목이 조금 생긴 지금은 적절한 위치에 있는 다른 사람에게 빨리 패스해주는 사람이 훌륭한 선수라고 생각하는 것과 유사한 측면이 있다.

대부분의 경우 제품을 만들 때 동작 중에 나오는 소리를 줄이려고 한다. 하지만 반대로 일부러 소리를 집어넣는 경우도 있다. 전기스쿠터나 전기자동차는 소음이나 진동, 배기음이 없어 운전자가 심심하게 느끼기도 하고, 보행자들은 다가오는 전기스쿠터나 전기자동차를 인식하지 못해 위험해질 수도 있다. 이를 해결하기 위해 소프트웨어를 통해 거꾸로 소리를 내도록 하는 발상이 적용되기도 하였다. 휴대폰의 카메라나 디지털카메라도 마찬가지다. 우리나라에서는 규제 때문에 촬영음을 넣도록 되어 있지만, 그러한 규제가 없는 외국에서도 사용자가 촬영 여부를 쉽게 인식할 수 있도록 여러 가지 촬영음을 선택사양으로 포함시켜 놓았다.

모기지론은 주택을 구입하려는 수요자가 금융기관에서 장기로 자금을 빌리면, 금융기관이 주택을 담보로 주택저당채권을 발행하여 이를 투자자에게 판매하는 기관에 양도하여 대출자금을 회수하는 방식으로 이루어진다. 오늘날에는 이것을 반대로 적용해 자기 집을 담보로 연금과 같이 생활비 등을 융자받아 사용하고, 소유자가 죽으면 은행이 그 집을 처분하여 채무관계를 정리하는 역저당Reverse mortgage이라는 금융상품이 인기를 얻고 있다.

기부를 통해 MIT의 슬로안 경영대학원을 설립하게 한 알프레드 슬로안은 파산 직전의 제너럴 모터스사를 인수한 후 파격적인 경영기법을 통해 기업을 회생시켰다. 그는 운전하려면 당연히 차를 먼저 사야 한다는 개념을 바꿔 할부를 도입해 운전을 먼저 해본 다음 차를 살

수 있도록 했다. 이와 유사하게 웅진코웨이는 정수기나 비데를 판다는 개념에서 탈피하여 이들 제품을 빌려주고 관리해주는 사업개념을 통해 큰 성공을 거두었다. 경제학자 줄리언 사이먼은 '승객이 자신의 비행기표에 대한 소유권을 더 행사할 수 있도록 하자'는 발상을 통해 자신의 비행기 좌석을 양보하고 늦게 가는 승객에게 사례금을 주는 아이디어를 내 비행기 초과예약 문제를 해결했다.

카오스 이론에서 많이 등장하는 코흐곡선 Koch Curve은 유한한 면적과 무한한 둘레라는 기이한 특성을 갖고 있다. 이와 반대로 시어핀스키 카펫 Sierpinsky Carpet은 둘레는 코흐곡선과 마찬가지로 무한하지만 면적

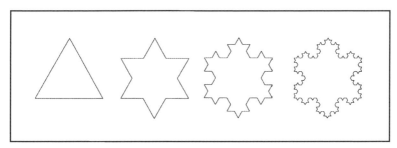

코흐 눈송이

시어핀스키 카펫

은 존재하지 않는다. 코흐곡선의 일종인 코흐 눈송이는 정삼각형으로부터 출발하여 각 선분을 3등분한 후 가운데 부분을 위로 구부려 올리고, 이를 무한히 반복하여 만든 것이다. 시어핀스키 카펫도 정삼각형에서 출발하여 면적을 4등분을 한 후 가운데 삼각형을 제거해나가고, 새로 생긴 조그마한 삼각형에 대해서도 같은 절차를 반복하면 카펫 무늬가 만들어진다.

현미경과 망원경도 뒤집기 기법을 이용했다. 두 기구의 발명자가 유사한 것도 그 때문이다. 네덜란드의 두 안경사 리페르세이와 한스 얀센은 1590년 현미경을 만들었고, 얼마 후 1608년 리페르세이, 한스의 아들 얀센 _Zacharias Janssen_ 과 메티어스는 망원경을 발명했다. 갈릴레이도 곧이어 망원경과 현미경을 개량했고, 특히 망원경을 개량하여 목성의 위성, 토성의 고리 등을 처음으로 발견하는 등 천문학의 발전을 이끌었다.

마르셀 뒤샹은 자신이 제작하지 않은 소변기를 '분수 _Fountain_'라고 전시하기도 했다. 예술가가 예술이라고 말하는 것은 어떤 것이든 예술이 될 수 있다는 개념으로 예술의 관념 자체를 뒤집은 그야말로 뒤집기의 명수가 아닌가 싶다. 그중에서도 가장 파격적인 것은 모나리자의 얼굴에 턱수염을 그려 넣은 'L.H.O.O.Q'라는 그림이다.

참고로 'L.H.O.O.Q'를 프랑스어로 읽으면 'Elle a chaud au cul', 즉 '그녀의 엉덩이는 뜨겁다 _She is hot in the ass_'라는 뜻이 된다.

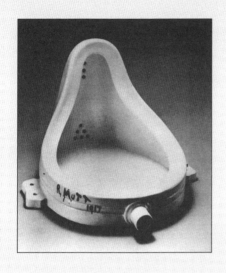

마르셀 뒤상의 '분수'

예술가가
예술이라고 말하는 것은
어떤 것이든
예술이 될 수 있다?

마르셀 뒤상의 'L.H.O.O.Q'

그녀의 엉덩이는 뜨겁다

수정구와 만화경으로 바라보기 *

《백설공주》에 나오는 왕비가 거울에게 질문하는 모습을 상상해보자. "거울아, 거울아, 누가 이 세상에서 제일 창의적이냐?" 빨간색 선글라스를 쓰고 보면 세상은 온통 빨간색으로 보이고, 파란색 선글라스를 쓰면 세상이 온통 파랗게 보인다. 내가 가지고 있는 안경으로 그동안 보지 않던 영역을 보거나, 다른 영역의 안경을 가져다가 내게 익숙한 문제들을 들여다보는 것이 창의성을 높이는 방법이다. 그리고 가능한한 많은 안경으로 많은 영역을 볼수록 더 창의적일 수 있다.

창의력의 핵심은 서로 무관한 요소들을 연결해 새로운 관계를 설정하는 것이다. 인간이 동물과 구별되는 대표적인 특성이 서로 무관해보이는 둘 사이의 새로운 관계를 찾아내 이용하는 창의성이다. 내가 보지 않던 영역에 내 수정구를 대고 보거나, 다른 사람이 보지 않는 영역에 전등을 비추어 새로운 것을 발견하고 대상에 적용하려는 노력이 필요하다.

과학의 역사를 비롯해 인류의 역사를 살펴보면 다른 사람들이 관심을 갖지 않던 영역에 초점을 맞추어 새로운 결과를 창출한 사례들이 무수히 많다. 두 영역의 유사성을 이용할 수도 있고 두 영역의 차별성을 이용하기도 한다. 동물이나 식물을 의인화하여 만든 벅스(bugs), 쿵푸팬더, 라이언 킹 등 수많은 애니메이션 영화들도 이러한 사례에 해당한다.

파블로 피카소의 많은 작품들은 '아비뇽의 처녀들'이라는 작품에 나타나듯이 대상을 여러 시점에서 바라본 다음 이를 한 화면에 담았기 때문에 추상화처럼 보인다. 다 빈치의 '수태고지'는 그림이 위치한 성당 앞부분의 옆 벽에 있는 그림을 뒤에서 보는 관찰자 입장에서 원근법을 맞추고 있다. 피렌체 아카데미아 뮤지엄에 있는 미켈란젤로의 '다비드 상'도 마찬가지다. 다비드 상은 머리가 큰 가분수인데, 이는 10미터 정도 떨어진 거리에 있는 관람객이 17피트(5.17m)에 달하는 상을 바라볼 때 정상적인 비례의 인체를 인지할 수 있도록 머리를 유독 크게 만든 것이다. 이 예술작품들은 다른 예술가들과 다른 관점을 가짐으로써 어떤 차별성을 보여주고 얼마나 높게 평가받을 수 있는지를 잘 나타내준다.

파블로 피카소, 〈아비뇽의 처녀들〉

미켈란젤로, 〈다비드 상〉

레오나르도 다 빈치, 〈수태고지〉

리바이 스트라우스가 청바지를 만든 일화는 유명하다. 새크라멘토에서 금광이 발견되었다는 소문에 서부로 몰려온 1849년의 포티 나이너스에게 천막을 만들어 팔려고 무명천을 싣고 캘리포니아로 온 그는 발 빠른 이들에 의해 이미 많은 천막이 세워진 이후라 자신의 무명천이 소용없게 되자 거친 작업으로 인해 금방 낡아버리는 광부들의 의복에 착안해 천막천을 이용한 청바지를 만들어 팔게 되었다. 이후 사람들은 그의 바지를 리바이스Levi's라고 불렀다.

웨스팅하우스라는 회사를 설립하여, GE의 모회사를 세운 에디슨과 경쟁한 조지 웨스팅하우스는 압축공기의 힘을 이용하여 알프스 산맥에 터널을 뚫었다는 것을 잡지에서 읽고, 압축공기를 이용하여 기차용 공기브레이크를 발명했다.

의학에서 전염병의 차단과 확산방지 등을 위한 발생규모 파악, 감염원 추적 등의 활동을 역학조사라고 하는데, 이것은 지도를 의학에 활용하면서 시작되었다. 1854년 콜레라가 런던의 중심부를 휩쓸었을 때 의사였던 존 스노우는 콜레라로 죽은 사람들의 거주지를 지도로 작성하여 이 병이 공기감염이 아니라 같은 펌프의 물로 인해 감염되었다는 사실을 알게 되었다. 전염병 사망자들을 과거부터 존재하던 지도에 표시하면서 역학이 시작된 것이다.

라이너스 폴링은 양자이론을 화학에 응용하여 노벨화학상을 받기도 했다. 많은 사람들이 양자이론을 알고는 있었지만, 다른 사람들은 양자이론을 화학에 활용할 줄 몰랐던 것이다.

1951년 은행에서 비서로 일하던 베티 네스미스 그레이엄(그룹 몽키스 맴버인 마이클 네스미스의 어머니)은 수정액(화이트)을 개발했다. 타자기로 서류를 치다가 오타가 발생하면 다시 쳐야 했는데 그게 귀찮았던 그레이엄은 매니큐어를 희석시켜 오타를 지웠다. 닛산식품의 창업자 안도 모모후쿠는 1957년 부인의 튀김요리를 보고 라면을 개발했는데 이는 국수를 기름에 튀겨낸 후 즉석 스프를 더한 것이다. 레이 하룬은 부인의 화장 거울을 보고 이를 자동차에 적용해 백미러 rear view mirror 를 개발했다. 불 대신 전자기파를 이용하여 음식물을 조리하는 전자레인지를 개발해 수많은 냉동식품의 발전과 미국 식탁의 혁명을 가져온 샤프는 전자레인지를 활용한 음식이 건강을 해칠 수 있다는 점을 감안하여 100년 전부터 존재하던 과열수증기 기술을 이용해 물로 굽는 건강 조리기를 만들었다.

우리나라 사람들은 '자전거' 하면 앉아서 타는 것만을 생각한다. 한

34

국에서는 보기 쉽지 않지만 필자가 공부하던 캘리포니아의 데이비스에서는 누워서 타는 자전거 recumbent bicycle, cricycle 를 쉽게 볼 수 있었다. 누워서 타는 자전거는 보통 앉아서 타는 자전거보다 재미있기도 하지만 편안하고 빠르다. 이 자전거가 이미 19세기 중반에 개발되기 시작했다니 놀랍지 않은가.

자전거, 어디까지 타봤니?
의외로 편하고 재미있는 누워서 타는 자전거

발상의 전환과 관련하여 '우주개발과 연필'에 관한 이야기가 널리 알려져 있다. 1960년대 미국과 구소련의 우주개발 경쟁 당시 우주 공간에서는 일반적인 볼펜으로 글씨가 안 써지기 때문에 NASA는 수백만 달러를 들여 우주에서 쓸 수 있는 볼펜을 개발해냈는데 구소련은 연필을 이용하여 돈을 하나도 들이지 않고 이 문제를 해결했다(초기에는 이 이야기가 맞았으나, 실제 연필은 가연성이고, 깨어진 심지가 떠다니다가 우주인들의 입 안으로 들어가 위험을 초래할 수 있는 문제점이 있기 때문에 피셔(Paul C. Fisher)가 더 좋은 우주 펜(Fisher Space Pen)을 개발하여 NASA와 러시아에 팔았다).

✳ 영역을 뛰어넘기

한 학문에서 발전된 이론이나 사용된 기술을 다른 학문에 사용한 사례뿐만 아니라 한 학문을 다른 학문에 결합시킨 사례도 무수히 많다. 최근 10~20년간 경제학에서 새롭게 대두되는 행동경제학은 심리학을 경제학에 결합시킨 것이다. 최근에는 심리학이 유행하고 있는데, 심리학이 마케팅 등 경영학, 행정학, 교육학 등 많은 사회과학에 접목되고 있다. 미술을 경제학에 적용시키기도 하고, 스포츠를 마케팅에 적용하는 등 서로 관련성이 없어 보이는 학문 분야 간에도 결합이 이루어지고 있다. 멀리 떨어진 것끼리 결합할수록 더 창의적이라고 평가받을 수 있다.

스위스의 심리학자 엘리자베스 퀴블러 로스는 사람들이 죽음을 받아들이는 심리적인 변화과정을 자기 죽음에 대한 부정, 분노, 타협, 우울, 수용의 다섯 단계로 제시했다. 사람들은 대부분 처음에는 자신이

3부

죽게 된다는 사실을 부정하다가 자신이 죽는다는 것에 분노하며, 죽음과 타협하려고 하다가 죽는다는 사실을 슬퍼하고 마지막으로 죽음을 받아들이는 과정을 겪는다고 한다. 다른 학자 브리너는 이를 이혼에 적용하기도 했다. 사람들이 이혼을 받아들이는 단계도 똑같다는 것이다.

최재천 교수 등이 지은 《21세기 다윈 혁명》에서는 다윈의 진화론을 철학, 과학, 윤리학, 종교, 심리학, 법학, 정치학, 경제학, 인류학, 성, 문학, 미술, 음악, 지질학, 환경, 의학, 공학, 복잡계과학과 같은 생물학이 아닌 다른 영역에 어떻게 이용할 수 있는가를 보여주기도 한다.

✳ 의식적으로 다르게 보라

기존의 것을 그대로 둔 채 다르게 보는 것만으로도 성공을 이룰 수 있다. 17세기 영국의 의사 윌리엄 하비는 살아 있는 물고기의 심장을 펌프로 생각하여 인체의 혈액순환 개념을 생각해내고, 보이지 않는 혈관이 동맥과 정맥을 연결한다고 주장했다. 그로부터 30년 후 현미경의 발달로 모세혈관의 존재가 확인되었다.

호머 앳킨스는 "기초연구란 공중에 화살을 쏜 다음, 떨어진 지점에 가서 과녁을 그려 넣는 것과 같다"라고 말했다. 기초연구는 먼저 연구를 한 후 결과가 나오면 그 결과를 활용할 수 있는 분야를 찾아서 이용하면 되는 것이기 때문에 명중률이 100퍼센트이다.

실제로 우리 일상생활에서 쏘아 놓은 화살을 이용하여 성공을 이룬 사례는 무수히 많다. 3M의 '포스트잇'도 마찬가지다. 강력한 접착제를 개발하려다 실패하여 살짝 달라붙어 있다가 조금만 힘을 주면 쉽게 떨어져 나오는 접착제를 개발하게 된 후, 이 성질을 이용해 책갈피 등으로 쓸 수 있는 포스트잇을 만들었다.

1991년 가을, 연이은 태풍으로 수확을 앞두고 있던 일본 아이모리 현의 사과가 90퍼센트 정도 떨어져 농민들에게 막대한 피해를 주었는데 이때 태풍에도 떨어지지 않고 남아 있던 10퍼센트의 사과를 '떨어지지 않는 사과', '합격 사과'라는 이름으로 수험생에게 팔자는 아이디어가 나왔다. 이 사과는 시험을 앞둔 수험생들에게 큰 인기를 얻어 약 10배의 가격에 팔리면서 농민들은 손실을 만회했다.

《아이디어, 놀면서 낚아올려라》의 저자 크리스 바레즈 브라운은 다르게 보기의 아주 재미있는 사례를 소개해주었다. 스트립쇼가 금지되어 있는 아이다호의 주도 보이시_{Boise}에서 다르게 보기를 통해 법망을 교묘히 빠져나간 스트립쇼 클럽에 관한 일화다. 한 사업가가 실질적인 스트립쇼 클럽을 세우고, 이 클럽에 입장하는 모든 사람들에게 스케치북과 연필을 15달러에 팔았다. 그리고 고객들을 '스트립쇼'가 아닌 '예술의 밤'을 즐기러 오는 사람들이라고 주장했던 것이다.

아이디어를 낼 때 먼저 사물의 양적인 측면을 고려하기 쉬운데 이때 질적인 측면을 함께 고려해보는 것이 중요하다. 산업용으로 활용되

3수

고 있는 것을 가정용으로 사용하거나, 인체용으로 사용하는 것을 동물용으로 사용하는 등 발상을 바꿔 쉽게 돈을 벌 수도 있다. 새로운 용도를 발견하여 특허를 받는 용도발명은 발명의 종류 중 커다란 한 축을 차지하고 있다. 해열진통제로 사용하는 아스피린을 심혈관치료제(항혈전제)로도 사용하게 되었고, 발기부전치료제 비아그라는 원래 협심증 치료를 위해 개발되었다.

가정에서 음악 등을 듣기 위해 발명된 라디오, 스테레오, CD 등을 자동차에 부착하여 사용하기도 한다. 암앤해머는 빵을 만들 때 사용하던 베이킹 소다를 냉장고 탈취, 세정제로 사용하여 매출을 10배나 올렸다. HEB는 가난한 사람들이 여름에 체온을 떨어뜨리기 위해 소독용 알코올을 사용한다는 사실을 알아채고 알코올에 로션 성분을 집어넣은 피부용 알코올을 개발하여 소독용 알코올 전체 매출의 25퍼센트를 차치했다.

1886년 약사였던 존 스타이스 팸버튼은 코카콜라를 만들고 숙취와 상체 질병에 효과가 있는 강장제로 판매했다. 이 코카콜라의 제조법을 다른 약사 아사 캔들러가 2,000달러에 사들여 갈증을 풀어주는 청량음료로 광고했고 그는 1919년 이를 2,500만 달러에 다시 매각했다. 단지 새로운 용도로 본 것만으로도 거금을 벌어들인 것이다.

스위스의 한 제약회사는 여러 제약회사의 인체용 약을 동물 치료용으로 사용하여 많은 수익을 올렸다. 인체용 신약 허기를 받기 위해서는 거의 필수적으로 동물실험을 거치기 때문에 추가적인 실험 없이 인체용 약을 동물용으로 사용하겠다는 발상의 전환으로 동물용 약으로 활용한 것이다.

 '2'를 이용한 아이디어 발상법 : 쌍둥이와 거울

거울은 복사기가 아니다

짝퉁이라고 다 같은 짝퉁은 아니다

커져라, 커져라, 하늘 끝까지

작아져라, 작아져라, 내 귓속에 들어가도록

선택을 축소해도 좋을 수가 있다

물구나무를 서라

수정구와 만화경으로 바라보기

영역을 뛰어넘기

의식적으로 다르게 보라

3부

3은
삼각형과 수학

아이디어란
사물을 서로 연관 지어
만들어내는 것이다.

로버트 프로스트 *Robert Frost*

'3'은 심리적으로 사람에게 가장 편안한 수로 작용하기도 하고, 사람을 바꾸는 수가 되기도 한다. 부모가 키우기에 가장 이상적인 자녀의 수가 3이라는 말도 있다. 3으로 생각되어지는 삼각형, 삼차원 공간과 수학을 연결시켜 발상하는 법도 생각할 수 있다.

영화 〈넘버쓰리〉에서 **3차원**에 못 미치는 깡패들이 수금한 돈을 **수학**을 이용하여 **황금비**로 나누려고 고생하고 있다.

* 매직넘버 3
Three is the Magic Number

3을 이용하는 발상법 중에는 '3의 법칙'이 있다. '3의 법칙'은 두 가지로 쓰이고 있는데 하나는 마크 월튼이 《3의 법칙》에서 주장한 것으로 사람들은 세 가지 정보가 주어졌을 때 가장 쉽게 받아들이고 가장 쉽게 기억한다는 것을 말한다.

세 개는 물체를 안정화시키기 위해 기본이 되는 수이기도 하다. 창의성이라는 것은 기존에 있는 것과는 다른 새로운 것을 만든다는 뜻과 함께 실행 가능성을 담보하는 안정성을 함께 고려해야 한다. 카메라 삼각대, 세발자전거, 세발의자(stool) 등 두 발이 있으면 불안정하지만 세발로는 안정을 잡을 수 있다. 삼각형은 완전, 균형을 의미한다. 기독교에서 삼위일체 하나님도 완전함을 나타낸다. 3분 스피치나 영어 에세이도 서론, 본론, 결론의 세 부분으로 되어 있고, 본론에서 자기주장을 지지하는 근거나 이유도 보통 세 개를 제시한다. 물체의 기본 상태

3부

를 고체, 액체, 기체의 3상이라고 하기도 하는데 이를 발상법에 이용할 수도 있다(물론 디바이 차폐 *Debye shielding*를 만족하는 이온화된 기체를 말하는 플라즈마를 포함시켜 물체의 기본 상태를 4상으로 나누는 것이 더 과학적이다).

어떤 것에 대한 아이디어를 낼 때 두 개는 너무 적고, 네 개 이상은 많게 느껴져 보통 세 개로 만족하는 경우가 많다. 광고가 성공하려면 3B라고 해서 아이 *Baby*, 미인 *Beauty*, 동물 *Beast*의 세 요소 중 적어도 하나가 들어가야 한다고 한다. 개인적으로는 몇 가지 요소를 더 추가할 수도 있으나 3에서 그쳤다고 생각하지만 말이다.

넣기만 해도 광고를 성공시킨다는
아이(Baby), 미인(Beauty), 동물(Beast)

간디의 몇 안 되는 유품 중 하나인 세 마리 원숭이는 "사악한 것은 말하지도, 듣지도, 보지도 말라(Speak no evil, hear no evil, see no evil)"라는 '세 마리 원숭이 철학 *three monkey philosophy*'을 상징한다. 그러면 사악한 것

세 마리 원숭이

'나쁜 것은 듣지도 않고 보지도 않으며 말하지도 않는다'는
간디의 생활신조를 대변하는 원숭이 세 마리

을 만지고 냄새 맡는 것은 가능하냐고 따지지 마라. 3의 법칙이다.

또 다른 3의 법칙은 3명이면 다른 사람의 행동을 바꿀 수 있다는
심리학 개념이다. 세 사람이 건물 위를 쳐다보면 다른 사람도 덩달아
건물 위를 쳐다보게 된다는 것이다. EBS에서 방영했던 〈인간의 두 얼
굴〉의 3의 법칙도 이 현상을 다큐멘터리 형식으로 찍어 방영한 것이
다. 스탠퍼드대 짐바르도 교수는 흔히 상황이 사람을 바꾼다고 생각하
지만 반대로 사람 역시 상황을 바꿀 수 있다고 말하고 있다.

34

차원 바꾸기 :
3차원을 벗어나라 *

우리가 3차원에서 살고 있는 것은 사실이다. 하지만 생각도 3차원에 고정시켜서는 창의성을 발휘하기 어렵다. 창의성을 발휘하기 위해서는 차원을 바꾸는 노력이 필요하다. 차원을 높이고 낮추는 것으로도 새로운 아이디어를 낼 수 있다. 3차원에서 시간 축을 포함하여 4차원의 세계로 상상력을 높이면 미래로 가는 타임머신, 타임캡슐 등을 생각할 수 있다. 차원을 높이는 것뿐만 아니라 차원을 바꾸거나 차원을 낮추는 것도 때로는 새로운 아이디어를 준다.

가장 단순한 예로 수평축을 수직축으로 바꾸는 것에서 출발할 수도 있다. 미국의 유통업체인 타겟 Target은 2005년 뉴욕 맨해튼의 록펠러센터에서 세계 최초로 수직패션쇼 vertical fashion show를 열었다. 모델들이 수평의 런웨이에서 캣워크 catwalk 하는 것이 아니라, 빌딩면을 타고 내려오고 올라가는 패션쇼를 한 것이다. 이런 수직패션쇼는 이후 국내에 전파되기도 했고, 2014년에는 세계 최고층 건물인 두바이의 부르즈 칼리파 Burj Khalifa에서도 열렸다.

시간과 공간을 바꾸는 것도 한 방법이다. 예를 들면 앞에서 언급한 각주구검의 고사에서 공간을 시간으로 바꾸는 것, 공간 여행을 시간 여행으로 바꾸는 것도 가능하다. 선진국을 한 나라의 미래로, 후진국을 그 나라의 과거의 모습으로 그리는 것도 마찬가지다. 우리나라가 많은 영역에서 세계의 선두권에 진입하고, 전 세계적인 동조화 현상이 진행되기 전까지는 우리가 당면한 문제를 해결하거나 미래를 예측하기 위해 먼저 선진국의 사례를 찾아보았다.

시간을 압축시켜놓기도 하고 시간을 공간 속에 가두어두기도 한다. 노래나 시에서 이러한 기법을 많이 이용하는데, 다른 분야에서도 충분히 활용될 수 있다. 짐 크로스의 포크곡 '타임 인 어 보틀 Time in a Bottle'을 보자.

If I could save Time in a Bottle
만일 내가 병 속에 시간을 넣어둘 수 있다면

The first thing that I'd like to do
제일 먼저 내가 하고 싶은 것은

Is to save every day
모든 날들을 보관해놓는 것이에요

Till Eternity passes away
영원이 사라질 그때까지

Just to spend them with you
그저 당신과 이 시간들을 함께하기 위해서

3부

이 팝송은 황진이의 시조 '동짓달 기나긴 밤을'을 떠오르게 한다.

동짓(冬至)달 기나긴 밤을 한 허리를 베어내어
춘풍(春風) 이불 아래 서리서리 넣었다가
어른님 오신 날 밤이어든 굽이굽이 펴리라.

시간을 공간에 보관할 수 있다는 발상이나 시간을 아꼈다가 사랑하는 님과 함께 보내고 싶은 마음이나 두 노래에 나오는 상상력에는 비슷한 점이 있다.

다 빈치, 미켈란젤로와 함께 르네상스의 3대 거장 중 하나로 불리는 라파엘로는 '아테네 학당'이라는 그림에서 시공을 초월하여 그리스 시대의 위대한 철학자 50여 명을 한 자리에 모아놓았다. 그의 상상

라파엘로, 〈아테네 학당〉

력과 통찰력이 시간을 뛰어넘어 위대한 철학자들을 한 곳에 모아 서로 만나게 한 것이다. 여기에 자신과 사랑하는 연인까지 그려놓았는데 시공을 뛰어넘어 사랑하는 사람과 함께하고픈 마음이 아니었을까.

이 그림과 비슷한 아이디어로 중국의 유명화가 다이두두(戴都都), 리톄즈(李鐵子), 장안쥔(張安君) 3인이 합동으로 그린 '단테와 신곡을 논하다'라는 작품이 몇 년 전 화제가 되었다. 이 그림은 역사상으로 유명한 100명의 얼굴을 가로 6미터, 세로 2.6미터의 대형 화폭에 담은 유화 작품인데, 3명의 작가는 유명인 100인을 그려낸 화폭의 맨 위쪽에 자신들의 자화상을 그려 넣었다.

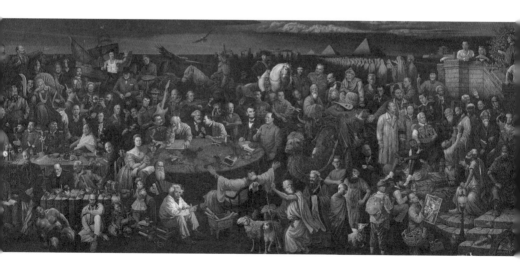

다이두두 · 리톄즈 · 장안쥔, 〈단테와 신곡을 논하다〉

전자오락도 초기에는 '겔러그'와 같이 좌우로만 움직일 수 있는 1차원이었는데, '탱크'와 같이 상하, 좌우로 움직일 수 있는 2차원으로 발전했고, 이제 3차원 오락도 많이 나오고 있다. 영화도 〈아바타〉의 성공 이후 3D영화에 대한 관심이 더 높아지고 있다.

프린터도 마찬가지다. 일반적으로 프린터는 문자나 그림을 종이 위에 인쇄해내는 것이라 생각한다. 하지만 최근에는 3차원 모형을 출력물로 제공하는 3D 프린터가 인기다. 전송받은 3차원 데이터를 이용하여 석고나 플라스틱은 물론 수백 가지 재료로 입체적인 형상을 만들어낸다.

3D 프린터는 네트워크와 연결되어 생산, 유통, 판매라는 산업사회에서의 상품 공급과정 전체를 바꾸는 혁명적인 변화를 가져오고 있다. 세계적인 패션 속옷회사 빅토리아 시크릿은 2013년 패션쇼에서 3D 프린터로 만든 란제리를 선보이기도 했고, 많은 디자이너들이 3D 프린터를 이용하여 의복은 물론 가구, 쥬얼리, 생활공간까지 만들며 그들의 상상력을 발휘하고 있다.

수(數)의 체계에서 가장 드라마틱한 차원의 변화를 볼 수 있다. 자연수(양의 정수)에서 출발하여 '0'과 음의 정수, 유리수(분수)와 무리수, 실수와 허수로 발전하고, n차원의 수를 한꺼번에 다룰 수 있는 벡터와 n×m 차원의 수를 한꺼번에 다룰 수 있는 행렬로 발전했다.

트리즈TRIZ 기법에서 어떤 하나의 변수가 서로 다른 값을 동시에 가져야 하는 물리적 모순physical comeradiceiom을 해결하는 방법으로 세 가지 분리원리 Separation Principle를 사용하는 것도 차원을 바꾸는 것과 유사하다.

비행기 바퀴는 비행기의 이 · 착륙에는 필요하지만 비행 중에는 공기 저항만 가져와 불필요하다. 이를 시간에 의한 분리 Separation in Time 기법을 사용해 비행기가 뜨고 내릴 때에는 사용하고 비행 중에는 동체에 집어넣어 공기 저항을 줄이도록 했다. 또 다른 사례는 구글의 광고다. 포털서비스업체들이 광고수익을 올리려면 홈페이지에 배너를 많이 달아야 하는데 이렇게 되면 홈페이지 로딩 속도가 떨어져 접속자의 만족도를 낮추고 접속자의 수가 줄어들게 된다. 이를 해결하기 위해 구글은 아무런 광고도 없이 단순하게 메인화면을 구성하여 검색 전 화면로딩 속도를 높이고, 검색을 하면 검색결과와 함께 관련된 광고가 나타나도록 하는 '시간에 의한 분리' 방법을 사용했다.

트리즈 설명서에는 '공간에 의한 분리 Separation in Space'의 예로 감자 살균을 들고 있다. 감자는 표면의 박테리아 때문에 썩게 되는데 이를 막기 위해 가열하면 박테리아를 없앨 수는 있지만 너무 많이 가열하면 감자가 삶아져 상품으로서의 가치가 없어진다. 이를 해결하기 위해 500~850℃의 불꽃에 4~8초간 감자를 노출시키면 표면의 박테리아는 죽지만 감자 속은 영향을 받지 않게 된다. 감자의 겉과 속으로 공간을 분리하여 문제를 해결한 것이다. 한 개의 렌즈로 근시와 원시를 동시에 해결할 수 있도록 만들어진 다초점 렌즈도 공간에 의한 분리의 사례다.

전체와 부분에 의한 분리 Separation between the Whole System and its Parts 또는 크기에 의한 분리 Separation in Scale의 사례로는 사내 벤처와 브라보콘의 마케

팅 전략을 들 수 있다. 기업에서 신규 프로젝트를 추진할 때 기업 전체가 추진함에 따라 겪을 수 있는 어려움을 극복하기 위해 사내 벤처를 설립하여 신사업의 위험을 벤처로 한정시키고 이익은 기업 전체로 돌리기도 한다. 1970년 선보인 해태 브라보콘에 대해 기성세대는 여전히 향수를 가지고 있지만 신세대의 입맛을 사로잡지는 못해 매출이 떨어지자 전체적으로 브라보콘이라는 브랜드는 유지하되 맛과 크기에 변화를 준 제품을 출시하는 전체와 부분을 분리하는 원리를 사용하여 매출을 증대시켰다.

이와 같은 세 가지 분리원리 외에도 조건 및 상황에 의한 분리(Separation based on different conditions, 사례 : 땀은 외부로 배출하지만 빗방울은 내부로 침투하지 못하게 하는 고어텍스)를 추가할 수 있다.

✳ 수학을 이용하라

그리스의 철학자 플라톤은 아카데모스 숲에 세운 아테네 학당의 정문에 '기하학을 모르는 자는 들어오지 말라'고 써놓았다. 철학을 하는 데도 수학이 필요하고, 일상생활을 잘(?) 하는 데도 수학이 필요하다.《생각의 탄생》의 저자 로버트 루트번스타인과 미셸 루트번스타인은 학생들이 학교에서 배운 기계학 지식을 실생활에 전혀 응용하지 못한다는 것이 매우 충격적이라고 한다. 우리나라 학생뿐만 아니라, 많은 나라의 학생들이 학교에서 배우는 것과 실제 세계를 별개로 생각한다. 그러나 창의적인 아이디어를 내기 위해서는 학교에서 배운 수학, 과학 지식을 실제 생활에 적용하는 것이 필요하다.

경제학자 알프레드 마셜은 경제학 연구에 있어서 수학의 사용법을 말한 바 있다. 우리가 수학을 아이디어 발상에 활용할 때도 동일하게 적용할 수 있는데, 이는 결국 수학 자체를 위해서가 아니라 문제를 풀기 위한 수단으로서 수학을 활용하라는 것이다. 그는 목표를 달성할 때까지 수학적 방법을 사용하고 그것을 언어로 번역하라고 했다. 그 다음 일상생활의 사례로 그것을 설명한 후 이제 수학적 방법은 버리라는 것이다. 만약 일상생활의 사례로 설명하지 못하면 수학적 방법 자체는 의미가 없다.

이 수학을 사용한 아이디어 발상법을 두 가지 사례에 적용해보자. 먼저 소설가 아서 쾨슬러가 제안한 문제다. 한 사람이 아침 6시에 산 밑의 마을을 출발하여 저녁 6시에 높은 산꼭대기에 도달했다. 다음 날 아침 6시에 그 산꼭대기를 출발하여 저녁 6시에 산 밑 마을에 도착했다고 하자. 그 산에 오르는 길이 외길이라면 그 사람이 등산할 때와 하산할 때 정확하게 같은 시간에 같은 장소를 지나간 적이 있다는 것을 설명해보라.

나는 이것을 평균값의 정리를 이용해서 수학적으로 풀었다. 그 사람이 보통 등산하는 사람처럼 계속 올라가거나(단조증가), 계속 내려가지(단조감소) 않고 중간에 올라갔다 내려왔다 하면서 등산을 하면 몇 곳에서 정확하게 같은 시간에 같은 장소를 지날 수도 있지만 최소한 한 곳을 같은 시간에 지난다.

이제 이것을 말로 설명해보자. 한 사람이 등산을 하기 시작하는 아침 6시에 한 사람을 산 정상에서 하산시켜 두 사람이 오후 6시까지 목적지에 도달하게 하면 두 사람은 최소한 한 번은 중간에 만날 수밖에 없다.

다른 문제는 콜라를 사먹는 문제다. 콜라 한 병에 100원인데, 빈 병 두 개를 주면 콜라 한 병으로 바꿔준다고 하자. 500원으로 콜라 몇 병을 마실 수 있을까? 그냥 생각하면 먼저 500원으로 콜라 5명을 먹고, 빈 명 다섯 개가 남는다. 이 중 빈 병 네 개로 콜라 2병을 먹으면 이제 빈 병 세 개가 남는다. 이 중 두 개로 1병을 먹고 남은 빈 병 하나와 가지고 있던 빈 병 하나로 1병을 더 마시면 이제 빈 병이 하나 남는다. 따라서 9병을 먹고 빈 병 하나가 남는다고 답을 낼 수 있다.

이 문제에 대해 SERICEO의 '생각 뒤집기'에서 박종하 대표는 실용지식이 필요하다고 말하면서 슈퍼마켓에서 외상으로 콜라 한 병을 먹고, 새로 생긴 빈 병과 가지고 있던 빈 병 하나를 콜라로 바꾸어 갚으면 된다고 한다. 그러나 이를 수학으로 생각하면 간단히 500원으로 콜라 10병을 먹는다는 계산이 나온다.

$$100원 = 콜라 1병$$
$$빈 병 + 빈 병 = 콜라 1병$$
$$\therefore 빈 병 = 50원$$

따라서 콜라 1병의 내용물은 50원이 되어 500원으로 콜라 10병을 마실 수 있다는 것을 알게 된다.

수학에서 가장 중요한 개념 중 하나가 무게중심이다. 중학교 때 도형에서 삼각형의 무게중심을 배우고 끝내지만 실제 생활에서 가장 많이 사용하게 되는 것이 무게중심 개념이다. 상자 두 개를 들 때 같은 상자도 순서를 바꾸어 무거운 상자를 위에 놓고 들면 더 가볍게 느껴진다. 이것은 무게중심을 높여서 그런 것이다.

무게중심을 운동에 이용한 성공사례를 생각해보자. 1968년 이전에는 높이뛰기 선수들이 바(막대)를 뛰어넘을 때 배를 밑으로 향하게 하는 '가위 뛰기', '정면 뛰기' 또는 '엎드려 뛰기' 방식을 사용했으나, 1968년 멕시코 올림픽에서 딕 포스베리는 세계 높이뛰기 사상 처음으로 등을 밑으로 향하게 하는 '배면뛰기' 또는 '포스베리 플랍Fos-bure Flop'을 시도하여 2미터 38센티미터라는 세계 신기록을 수립하며 금메달을 땄다. 배면뛰기가 인체의 무게중심을 높여 더 높이 뛸 수 있도록 만든다는 것을 이용한 것이다. 이후 올림픽에서 가위뛰기를 시도하는 높이뛰기 선수는 사라졌다. 수영의 턴 방식도 마찬가지다. 지금도 초보자들은 옆으로 회전하여 풀벽을 터치하는 사이드 턴Side Turm 방식을 사용하나, 벽을 짚고 턴할 때 신체의 어떠한 부분을 이용하더라도 상관이 없기 때문에 수영 선수들은 수영의 가속력을 최대한 유지할 수 있는 플립턴Flip Turm 방식으로 턴 방식을 변화시켰다.

✱ 황금비를 이용하라

피타고라스가 발견한 황금비golden ratio는 a : b = b : (a+b)의 비례가 인간의 눈에 가장 안정되고 아름답다는 것인데 계산을 하면 1 : 1.61803399가 된다. 이는 선분을 약 5 : 8(1 : 1.6)로 나누는 것이다. 한 변의 길이가 1인 정오각형의 대각선의 길이로도 생각할 수 있다.

그리스의 파르테논 신전과 이집트의 피라미드가 이 황금비를 적용한 대표적인 건축물로 알려진다. 다 빈치도 '비트루비우스에 따른 인체 비례'에서와 같이 황금비를 사용한 것으로 전하는데, 댄 브라운의 소설 《다 빈치 코드》는 바로 이 황금비를 작품의 모티브로 사용하고 있다.

황금비를 적용한 대표적인 건축물, 파르테논 신전

가장 큰 직사각형부터 양변 길이의 비가 약 1 : 1.618의 황금비를 이루며 작아지는 7개의 직사각형을 발견할 수 있다.

바이올린에도 황금비가 숨어 있고 음악에도 황금비가 숨어 있다. 쇼팽과 같은 많은 작곡가도 클라이맥스를 집어넣는 부위에 황금비를 사용하기도 했다. 신용카드 모양과 같이 황금비는 오늘날에도 우리 주위에서 많이 사용하고 있다. 현재 그리고 있는 그림이나 작곡하는 곡, 작성하고 있는 보고서, 개발하는 제품에 황금비만 사용해도 다르게 보일 수 있다.

'3'을 이용한 아이디어 발상법 : 삼각형과 수학

매직넘버 3

차원 바꾸기 : 3차원을 벗어나라

수학을 이용하라

황금비를 이용하라

4는
사칙연산과
사분면

나는 결코 새로운 것을
발명하지 않았다.
다른 사람들의 발명을
서로 연결시켜
자동차를 만들었을 뿐이다.

만약 50년 전이나
10년 전, 아니 5년 전에
이 일을 시작했었다면
나는 실패했을 것이다.

헨리포드 *Henry Ford*

'4'에서 가장 쉽게 연상되는 것은 아무래도 더하기, 빼기, 곱하기, 나누
기의 사칙연산과 평면을 제1사분면, 제2사분면, 제3사분면, 제4사분면

으로 나누는 사분면일 것이다.

4의 연상법

4에서는 '**사칙연산**'과 '**4분면**', 이 둘로 끝이다.

* <u>사칙연산+, - , ×, ÷ 적용하기</u>

관련지을 수 있는 두 개 이상을 더하기

가장 단순한 더하기 발상법으로 생각할 수 있는 것이 개별 아이템의 숫자를 늘려 하나로 묶는 것이다. 2색, 3색, 4색을 넘어서 10색 볼펜까지 결합된 볼펜이 있고, 색연필, 크레용도 마찬가지다. 코스트코, 월마트, 이마트와 같은 할인매장에서 꾸러미로 물건을 팔 때 꾸러미에 들어가는 물건 수를 늘리는 것도 동일한 발상법을 이용한 것이다.

프린터, 복사기, 스캐너와 같이 다르지만 서로 관련 있는 것을 하나로 합친 복합기를 만들고, 휴대전화에 카메라와 MP3 등의 기능을 부가시키는 것도 같은 발상법을 이용한 사례다. 기업들이 인수합병^{M&A}을 통해 조직을 키우고, 정치가들이 덧셈의 정치를 한다고 하면서 세를 불리는 것도 대마불사_{too big to die}라는 생각으로 힘을 더해가는 발상법에서 기인한 것이다.

더하기 발상을 이용한 발명의 사례 중 가장 유명한 것은 지우개 달린 연필이다. 지우개 달린 연필로 최초의 미국 특허를 받은 사람은 리프만인데, 그는 모자를 쓴 자기 모습을 보고 아이디어를 얻어 양철조각을 이용하여 지우개를 연필 위에 모자처럼 고정시켜 1858년 특허를 받았다. 이 특허권은 1862년 렉켄도르퍼에게 10만 달러에 팔렸는데, 그는 특허권 침해를 이유로 한 연필회사Faber를 고소했다. 렉켄도르퍼에게는 안된 일이지만 1875년 대법원은 이미 존재하던 두 물건을 아무런 새로운 용도도 없이 결합한 것에 불과하다면서 지우개 달린 연필에 관한 이 특허권을 무효화했다. 지우개 달린 연필과 동일한 발상법이 이용된 것이 걸레에 막대기를 붙여 만든 대걸레다.

미칼코는 어느 일본인이 콘돔에 마이크로 칩을 추가해서 콘돔에서 비틀즈 'Love Me Do'가 흘러나오도록 한 노래하는 콘돔을 만든 사례를 제시했다. 일본에는 변기와 음악을 결합한 사례도 있다. 뚜껑을 올리면 자동으로 음악이 나와 주변사람들이 불쾌한 소리를 듣지 않아도 되는 변기를 만들었다. 또 음악소리가 나는 어린이용 플라스틱 변기를 만들어 미국에 수출하기도 했다.

경제학이나 경영학에서 분석하는 마케팅 기법 중에 하나로 '번들링bundling', 즉 끼워팔기가 있다. 프린터와 카트리지를 함께 팔거나 마이크로 워드, 마이크로 엑셀, 마이크로 파워포인트 등을 마이크로 오피스로 묶어 파는 것이다. 이렇게 함께 파는 것만으로도 매출을 높일 수 있다니 참 쉽지 않은가?

하늘 아래 새로운 것은 없다고 했다. 서로 관계가 없다고 생각되는 것들도 더해져 새로운 가치를 가진 물건들이 만들어진다. 신발에 바퀴를 붙이면 롤러스케이트, 롤러브레이드, 인라인스케이트, 롤러슈즈, 힐리스(Heelies, 뒤꿈치를 이르는 애칭) 등 바퀴신발이 된다. 자동차와 집을 붙여 캠핑카를 만들고, 개인용 컴퓨터와 같은 단말기를 네트워크로 연결시켜 인터넷이 된다. 자명종과 시계를 결합해 만든 자명종시계, 계산기 달린 전자시계, 시계 겸용 라디오 등 더하기 발상법을 이용한 제품들은 이루 헤아릴 수 없이 많다. 최근에는 의료와 기계, 특히 컴퓨터를 결합한 '착용형 컴퓨터 wearable computer'에 관한 개발도 많이 이루어지고 있다.

아이스크림콘을 처음 발견한 사람은 1904년 세인트루이스 세계박람회에서 와플을 팔고 있던 어니스트 함위라고 알려져 있다. 이 축제에서 와플을 팔던 어니스트는 바로 옆에서 아이스크림을 팔고 있던 사람이 아이스크림은 남았는데 그걸 담을 그릇이 없어 그날 장사를 접으려는 것을 보고, 자신이 팔고 있던 와플을 동그랗게 말아서 건네주었고 그것으로 아이스크림콘이 탄생하게 되었다는 것이다. 그러나 실제 아이스크림콘은 이탈리아계 미국인인 이탈로 마르치오니가 이미 1903년 12월 13일 미국 특허(No. 746971)를 받았다. 누가 발견했던 아이스크림콘은 더하기 기법에 의해 새로운 제품이 탄생한 것이다.

1912년 클래런스 크레인은 라이프 세이버스 Life Savers를 만들었으나 종이로 싼 박하사탕은 쉽게 변질되었다. 1913년 라이프 세이버스의 제조법은 에드워드 노블에게 2,900달러에 팔렸고, 그가 박하사탕을 은박지로 싸는 방법을 마련하여 변질이 되지 않도록 하자 라이프 세이버스는 큰 인기를 누리게 되었다. 다른 사람이 발명한 것에 포장만을 더해서 빅 히트상품으로 만든 셈이다.

사울 캐츠와 브루스 캐츠 부자는 구두와 운동화의 장점을 결합해 '록포트Rockpores'라는 새로운 신발을 탄생시켰다. 이 신발은 미국의 건강 전도사 롭 스위트골이 낡은 록포트 세 켤레를 번갈아 신으며 1만 8,000킬로미터가 넘는 거리를 걸어서 50주 만에 미국의 50개 주를 돌아 유명해졌다.

두 가지를 더할 때 꼭 물리적인 것들끼리의 결합만을 생각할 필요는 없다. 구글은 인터넷의 가장 보편적인 기능인 무료검색을 광고와 연결시켜 엄청난 매출을 올리고 있다. 광고를 제외하더라도 애국심을 마케팅과 결합하거나 좋아하는 선수, 응원하는 팀, 월드컵, 올림픽 등을 상품개발에 활용하는 사례도 많고 향후에도 다양한 사례를 만들어낼 수 있을 것이다.

대구은행은 물리적 지점 없이도 사이버상에서 독도지점을 개설하여 엄청난 예금을 확보했고, 이후 많은 은행들이 독도사랑예금이나 지역사랑통장 등을 만들었다. 외국에는 축구팬들을 위해 예금주가 응원하는 축구팀의 성적에 따라 이자가 변하는 통장이 있다. 자기가 응원하는 팀이 승리하면 좋아하는 팀이 이겨서도 좋지만 돈도 더 벌 수 있기 때문에 기쁨이 두 배가 된다.

최근에는 우리나라에서도 스포츠마케팅이 많이 이루어지고 있다. 국민은행은 '피겨 Queen 연아사랑적금'을 만들어 김연아가 벤쿠버 올림픽에서 금메달을 따면 연 0.5퍼센트의 추가 금리를 지급하기로 했었고, 하나은행은 '오! 필승코리아 적금 2010'을 만들어 한국이 남아공 월드컵 16강에 진출하면 연 0.2퍼센트의 추가 금리를 지급하기로 했었다.

학문 간의 결합도 많다. 데카르트는 서로 떨어져 있던 산수와 기하를 하나로 통합하여 해석기하학 장르를 열었고, 페러데이는 전자기장을 통해 전기학과 자기학을 통합했다. 떨어져 있던 생물학과 전산학이 바이오인포매틱스 Bioinformatics를 통해 결합되는 등 최근 학문 간 융합 사례는 무수히 많다.

디지로그 digilog와 같이 디지털 digital과 아날로그 analogue를 합쳐 새로운 제품이나 서비스 등을 만들어내기도 한다. 아날로그와 디지털 양쪽의 장점을 살려 많은 제품들이 나오고 있다. 전자펜으로 글씨를 쓰는 타블렛 입력 장치, 디지털 카메라로 찍은 사진을 볼 수 있는 디지털 액자 같은 것이 있고, 책 내용을 손으로 만져도 보고 냄새도 맡을 수 있는 전자책인 디지로그 북도 나오고 있다.

3두

하나의 물건에서 일부분을 빼기

컴퓨터 키보드, 마우스는 전선으로 본체와 연결되어 있다. 여기서 전선을 지워버린 것이 바로 선 없는 키보드, 선 없는 마우스다. 무선 전화기, 무선 이어폰, 무선 헤드폰도 마찬가지의 원리를 이용한 것이다. 안경에서 안경테를 뺀 '무테안경'도 마찬가지다. 어떤 사물에서 덜 중요한 것, 귀찮은 것, 필요 없는 것 등을 지워내는 것이 뺄셈의 원리다. 무가당 주스, 무가당 껌과 같이 설탕을 빼거나, 미니스커트, 반바지, 삼각팬티, 노 튜브 타이어 등 물건의 일부를 빼서 새로운 제품으로 탄생시키는 것도 가능하다. 몇 년 전에는 다이슨사에서 회전 날개가 없는 선풍기를 출시하기도 했다.

마쓰다의 오픈 스포츠카인 '로드스타'의 경우도 빼기의 발상법을 잘 적용한 사례다. 초대 개발 책임자 히라이 도시히코는 새로운 스포츠카 개발에 '인마일체(人馬一體)'라는 개념을 제시하고, 더 빠르게, 더 쾌적하게, 더 힘이 좋게 등과 같이 팔방미인격인 아이디어에서 벗어나 운전자가 운전 자체를 즐길 수 있도록 소형화, 경량화하는 것에 중점을 두어 로드스타를 개발했다. 로드스타는 2인승 오픈 스포츠카 사상 최대의 생산대수를 기록하는 성공을 거두었다.

우리나라에서 처음 개발된 두 손가락장갑도 빼기를 적용한 좋은 사례다. 치킨이나 감자튀김, 도넛과 같이 기름진 음식을 손가락으로 집어 먹을 때 사용하도록 만든 손가락장갑은 다섯 손가락과 손 전체를 감싸는 위생장갑에서 음식을 집을 때 꼭 필요한 두 손가락만 남기고 나머지는 제거한 것이다.

미국의 항공사 사우스웨스트 항공이나 제트블루 _JeeBlue_ 항공과 같은 노프릴(no frills, 프릴은 옷의 소매와 가장자리 주름장식으로, 마케팅에서는 기본

서비스에서 빼도 지장이 없는 추가 서비스다) 항공사들도 마찬가지다. 2013
년 기준으로 세계에서 네 번째로 많은 승객을 운송한 항공사인 사우스
웨스트 항공은 불필요한 서비스를 모두 제거하고 오직 항공서비스 제
공에만 초점을 맞춘 저가요금으로 큰 성공을 거두고 있다. 제트블루
항공도 일반 항공사의 훌륭한 서비스와 깨끗한 기내 시설, 무료 서비
스를 없애 저가요금의 항공편을 제공함으로써 큰 성공을 거두었다.

은행업에서도 비슷한 사례들이 나오고 있다. ING다이렉트는 지점
과 신용카드를 없애고 텔레마케팅이나 광고에 투입되는 비용 등 불필
요한 서비스를 제거하여 수수료를 낮추고 높은 이자를 지급하여 고객
을 만족시켰다.

관련 없는 것들을 하나로 연결하기(곱하기)

곱하기 방법은 더하기 방법과 유사하나 서로 관련 없는 것을 연결
하여 기존의 것과는 본질적으로 다른 새로운 것을 만들어낸다는 점에
서 차이가 있다. 보통 사람들은 서로 분리해서 보고 융합하지 못하는
것들을 창의적인 사람은 서로 연결해서 보고 새로운 것으로 만들어낸
다. 아이폰 등으로 각광을 받았던 스티브 잡스도 창조성은 여러 가지
것들을 연결하는 것일 뿐이라고 했다. 창의적인 업적을 낸 사람들과의
인터뷰를 통해 창의성의 근원을 분석한 로텐버그는 이들의 공통적인
사고방식으로 서로 모순되는 두 개의 아이디어를 동시에 생각하는 야
누스적 사고능력과 이 두 아이디어가 같은 공간에 존재하는 것처럼 생

각하는 동공간적 사고능력을 제시했다.

　다 빈치는 아버지로부터 어느 농부의 방패에 아주 무서운 그림을 그려달라는 부탁을 받고 도마뱀, 귀뚜라미, 뱀, 메뚜기, 박쥐 등 끔찍한 것들을 수집해놓고, 이 동물들의 각 부분을 합해서 입에서 불을 뿜어내는 무시무시한 괴물을 만들어냈다. 아버지 세르 피에르는 그 방패에 놀라 농부에게는 다른 방패를 주고 그 방패를 피렌체의 상인에게 비싼 값을 받고 팔았다고 한다.

　윌리엄 더건의《제7의 감각 : 전략적 직관》에는 이러한 사례가 많이 나온다. 나폴레옹은 대략 100년 전 만들어진 등고선 지도와 10년 전 만들어진 경량포, 그리고 미국의 독립전쟁 중 헨리 녹스가 보스턴 공격에서 사용한 전술을 결합하여 첫 번째 전투에서 승리를 거두었다. 코페르니쿠스는 고대 그리스의 천문학자 아리스타르쿠스의 태양중심설과 프톨레마이오스 시대 이래 천문학자들이 수집해온 천체 관찰 데이터, 당시 눈부시게 발전한 삼각함수를 결합하여 천체 궤도 운행론을 만들었다.

　빌게이츠와 알렌은 그들이 발명하지 않은 알테어8800(에드 로버츠가 개발한 것으로 최초의 PC로 일컬어짐), 인텔 8080칩, 베이직 프로그래밍 언어, PDP-8을 결합하여 알케어 계약(알테어8800 컴퓨터를 위한 베이직 프로그램 개발 계약)을 성립시켰다. 컴퓨터 비지칼크는 마우스, 전투기의 계기판, 계산기를 결합한 것이고, 이메일은 사내 메시지 통신과 인터넷 프로토콜을 결합한 것이다. 브린과 페이지는 다른 사람들이 이미 개발한 알타비스타와 학술논문의 인용법, 데이터마이닝, 오버추어를 결합하여 구글을 개발했다. 구텐베르크는 포도주 짜는 기계와 동전 주조기를 결합해 서양의 중세역사를 바꾼 인쇄기를 만들었다.

세계적인 경영의 대가들도 아이디어 결합의 중요성을 잘 인식하고 있다. GE의 CEO였던 잭 웰치는 회사에서 효과적인 사례들을 찾아 그것들을 결합하고 싶어 했다. 창의적인 아이디어를 위해서는 이미 존재하고 있는 요소들을 빌리고, 빌리고, 또 빌린다는 생각을 가져야 한다. 자연에서, 역사에서, 다른 학문 분야에서, 다른 사람들에게서, 빌릴 수 있다면 어디서나 빌려야 한다. 창의성의 대가들은 잘 빌린 사람들이다.

새로운 아이디어는 이미 존재하고 있는 요소들을 색다르게 결합하는 것인데, 서로 연관성을 갖는다고 쉽게 생각하는 것들은 이미 누군가가 결합을 시도했다. 따라서 상식을 깨고 아무도 생각 못할 정도로 멀리 떨어져 있는 요소들을 찾다가 결합시킬 때 창의적이 될 수 있다.

하나를 두 개 이상으로 나누기

일반 냉장고를 위와 아래로 나누어 냉장고만 있는 것과 냉동고만 있는 것으로 나누는 것으로도 새로운 제품이 된다. 운동화에서 운동화 끈을 나누어 팔기도 한다. 아이들의 경우 신발 끈을 잘 묶지 못하기 때문에 신발 끈이 더 빨리 닳아 헤어진다는 점과 신발 끈의 색깔과 디자인에 따라 신발 자체가 달라 보이는 점을 착안하여 운동화 끈을 색깔별, 길이별로 판매하기도 한다.

3부

에디슨은 폭 70밀리미터, 길이 15미터인 코닥 필름을 반으로 나누어 35밀리미터 폭에 30미터 길이의 영화필름을 만들었다. 단순히 물리적으로 반으로 나누는 것이 최초의 영화용 필름이 된 것이다.

많은 사람들은 옷을 따로 입혀야 하는 인형은 팔리지 않을 것이라고 생각했다. 하지만 캘리포니아의 메텔Mattel사는 1959년 루스 핸들러가 고안해낸 바비 인형의 옷 수억 개를 팔았다. 지금은 인형도 똑같은 인형을 가지고 놀면 흥미가 반감될 수 있기 때문에, 지루하지 않고 가지고 놀도록 하고 디자이너가 되어 옷을 갈아입히는 놀이를 하도록 별도로 인형 옷을 판매하는 회사가 많아졌다. 집안 분위기를 바꾸기 위해 소파를 교체하고 싶어도 만만치 않은 비용 때문에 쉽게 바꾸지 못하는데 여기에 착안해 커버가 탈착되는 소파를 개발하여 소파 커버만을 별도로 판매하는 회사가 나왔다. 슈트에서 상의와 하의를 별도로 판매하는 것도 나누기 발상을 적용하는 하나의 예다. 남성 정장의 경우 상의보다는 하의가 빨리 헤지기 때문에 하의를 하나 더 사는 경우도 많다.

이러한 나누기 발상법은 음식에도 적용되고 있다. 우리나라 사람들이 중국음식점에 가면 자장면을 먹을지, 짬뽕을 먹을지 선택하는 것이 가장 어렵다고 한다. 이런 고민을 해결해주기 위해 그릇을 둘로 나누어 한쪽에는 짜장면을, 다른 한쪽에는 짬뽕을 주는 것이 짬짜면이다. 이와 유사한게 우짜면(우동과 짜장면), 볶짬면(볶음밥과 짬뽕), 볶짜면(볶음밥과 짜장면)같은 메뉴들이 나왔다. 냉면계의 짬짜면, 스파게티계의 짬짜면으로 물냉면 절반과 비빔냉면 절반으로 1인분을 제공하거나, 크림소스 스파게티와 토마토소스 스파게티를 합쳐서 1인분으로 파는 음식점도 많이 생겼다. 미국사람들도 피자를 주문할 때 어떤 토핑의 피자를 먹을 것인지 많이 고민하는데, 이를 해결해주는 피자가 만들어졌다. 피자 한 판을 둘로 나누어 양쪽에 올리는 토핑 종류를 다르게 하거나 네 개로 나누어 네 쪽에 올리는 토핑을 다르게 만들기도 한다. 필자도 미국에 있을 때 아들과 함께 램포스트 피자Lamppose Pizza에서 각각 좋아하는 토핑을 올린 피자를 반-반half & half으로 시켜먹곤 했다(실제로는 아들이 좋아하는 두 종류의 피자를 시켰지만 말이다).

마케팅에서는 일부러 고객층을 작게 나누어 목표에 적합한 상품을 개발해 판매하는 세그멘테이션(segmentation, 분할) 전략을 사용한다. 경제학이나 경영학에서 이윤을 극대화하기 위해 소비자를 나누어 가격을 다르게 부과하는 가격차별price discrimination이론도 하나의 사례가 될 수 있다.

＊ 사분면 이용하기 : 두 가지 기본성질을 생각하여 분류하고 조합하는 것

3부

17세기 철학자이자 수학자인 르네 데카르트는 한 쌍의 좌표값으로 위치를 특정할 수 있도록 x축과 y축으로 이루어진 좌표평면the Cartesian _coordinate system_을 고안했다. 지금은 너무나 당연하게 보이는 X-Y 좌표계를 데카르트가 천장에서 움직이는 파리의 위치를 나타내기 위해 고안하기 전까지는 아무도 생각하지 못했다는 것이 놀랍다.

직교하는 두 축으로 우리는 4분면을 만들 수 있다. 두 가지 특성을 기준으로 각각 유무(有無) 또는 다소(多少) 등 상대성을 비교하면 4가지 조합이나 영역이 나오는데 이를 이용하면 많은 아이디어를 낼 수 있다.

경영학에서 많이 사용하는 스왓분석_SWOT Analysis_은 조직의 내외라는 한 축과 긍정·부정이라는 다른 한 축을 생각하여 강점_Strengths_, 약점_Weaknesses_, 기회요인_Opportunities_, 위협요인_Threats_의 네 영역을 도출하고 이들의 앞글자를 딴 것이다. 이는 기업이나 조직이 어떤 전략이나 계획을

SWOT 분석법

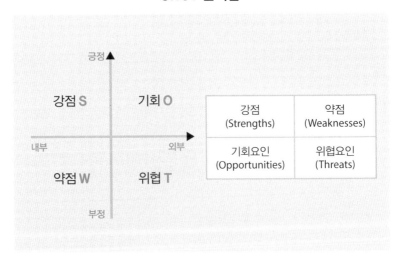

세울 때, 기업의 내부·외부 환경요인을 분석하는 기법이다. 강점, 약점, 기회요인, 위협요인을 각각 분석하여, 강점이나 기회요인은 강조하고, 반대로 약점이나 위협요인은 보완하는 쪽으로 계획을 짜는 것이다. 이 분석은 아이디어를 발굴하는 데에도 활용할 수 있다.

교육자이자 정부 관료였던 이한빈은 과거, 현지, 미래의 3가지 시상 time perspecaives과 소극적, 양면적, 적극적이라는 3가지 변동에 대한 태도의 조합으로서 9가지 인간유형을 제시하는 '발전형 시관론'을 만들었다.

발전형 시관론

시상 time perspective	변동에 대한 태도 attitude toward change		
	소극적	양면적	적극적
과거	도피(逃避)형	회한(悔恨)형	전승(傳乘)형
현재	혼미(昏迷)형	착취(搾取)형	예비(豫備)형
미래	공상(空想)형	조급(躁急)형	발전(發展)형

트리즈 기법에서는 이와 유사하게 다차원(멀티스크린, Nine windows) 분석법을 제시하고 있다. 과거, 현재, 미래를 가로축으로 하고, 하위시스템, 시스템, 상위시스템을 세로축으로 하여 당면한 문제를 다차원(멀

티스크린)상에 나타내면서 주변의 자원*resource*을 활용하여 해결하는 것이다. 예를 들어 성능이 좋은 자동차를 개발하기 위해 자동차를 현재 시스템으로 삼고 타이어, 엔진 등과 같은 하위시스템과 포장도로와 주유소 등의 상위시스템을 파악한 후, 각각에 대한 과거 및 미래 요소를 발견하여 멀티스크린의 아홉 개 창을 채우고 어떤 자원을 활용하여 자동차를 개발할 것인지 아이디어를 발견하는 방법이다.

자동차 개발을 위한 다차원 분석표

상위시스템	도로와 역참	포장도로와 주유소	인텔리전트 도로
시스템	마차	자동차	미래 자동차
하위시스템	바퀴, 말	타이어, 엔진 등	연료전지
	과거	**현재**	**미래**

오른쪽은 사분면 기법을 사용한 BCG 매트릭스(Matrix, 행렬)다. 이 방법은 보스턴컨설팅그룹의 일본지점에서 1970년대에 개발되었는데, 기업 경영전략 수립에 활용되는 사업포트폴리오 분석기법이

다. 이것은 '성장-점유율 매트릭스growth-share matrix'라고도 불리며, 사업을 점유율과 성장성으로 구분해 4가지로 분류했다. X축을 시장점유율로 하고, Y축을 시장성장률로 하여, 낮은 점유율과 높은 성장률을 가진 신규 사업을 물음표Question Mark, 점유율과 성장성이 모두 좋은 사업을 스타Star, 투자에 비해 수익이 월등한 사업을 캐시카우Cash Cow, 점유율과 성장률이 둘 다 낮은 사업을 도그Dog로 구분했다.

이 2×2 매트릭스를 1차원으로 전환시켜 제품의 시장수명주기로 나타낼 수도 있다. 이와 같이 아이디어를 내고자 하는 분야의 키워드를 2개 정도로 정리하고 그 특성의 유무나 대소 등을 기준으로 매트릭스를 만드는 법을 훈련하면 어떤 일에 대한 이론을 만들어낼 수 있을 것이다. 이 매트릭스를 아래의 제품의 시장수명주기처럼 차원을 전환할 수도 있다.

제품의 시장수명주기

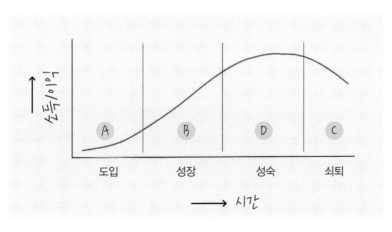

필자는 출근길에 결혼과 행복을 관련시켜 이 방법을 적용해보았다. 먼저 사랑 여부와 결혼 여부를 결합하여 네 가지 유형으로 나눌 수 있다. 다음으로, 다른 의견도 있을 수 있지만 행복에 대한 내림차순으로 '사랑하는 사람과 결혼한 사람', '사랑하는 사람과 결혼하지 못한 사람', '사랑하지 않는 사람과 결혼한 사람', '사랑하지 않는 사람과도 결혼 못하는 사람'으로 정렬해보았다.

우리가 '4' 하면 떠오르는 개념들을 이용해서 아이디어를 생각해내는 것도 때로 유익할 수 있다. 새로운 기술 적용과 관련해서는 컴퓨터를 많이 생각하게 되는데, 이때 하드웨어, 소프트웨어, 데이터베이스, 네트워크의 네 가지 면을 고려해볼 수 있다.

땅 · 물 · 불 · 공기의 4원소설을 생각해보거나 고체 · 액체 · 기체 · 플라즈마의 물질의 4상태, 봄 · 여름 · 가을 · 겨울의 4계절, 다혈질sanguine · 담즙질choleric · 우울질melancholic · 점액질phlegmatic의 4기질, A형 · B형 · AB형 · O형의 4가지 혈액형 등을 이용하는 방법도 가능할 것이다.

사칙연산(+, −, ×, ÷) 적용하기

관련지을 수 있는 두 개 이상 더하기

하나의 물건에서 일부분을 빼기

관련 없는 것들을 하나로 연결하기(곱하기)

하나를 두 개 이상으로 나누기

사분면 이용하기 :

두 가지 기본성질을 생각하여 분류하고 조합하는 것

3부

5는 다섯 손가락 ✦

숫자 '5'를 보고 오감(伍感), 오미(伍味), 오선지 등을 떠올리는 사람도 있겠지만 우리 몸 중 가장 많이 사용하는 부위의 하나인 손가락을 생각해 발상하는 손가락 발상법을 소개하겠다.

5의 연상법

다섯 손가락을 이용해 **맛**을 보고 **감각**을 느끼며, 손가락을 꼽으며 **다섯 단계**를 따라가 본다.

✳ 다섯 손가락 활용법

영어권 국가에서는 다섯 손가락을 이용한 기도법*five-finger prayer*을 많이 활용하고 있다. 사람에 따라 다양하게 활용하기 때문에 다양한 버전의 다섯 손가락 기도법이 있는데 이것과 마찬가지로 필자는 다섯 손가락 발상법을 이용하여 아이디어를 떠올릴 수 있는 방법을 만들어보았다. 독자들도 여기서 나름대로 적합한 변형을 만들어 사용할 수 있을 것이다.

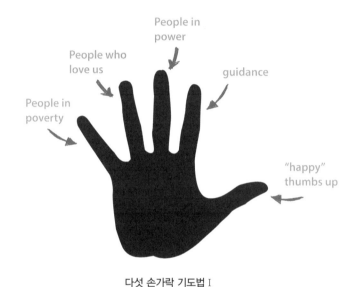

다섯 손가락 기도법 I

엄지손가락은 최고, 승인Thumbs up을 나타내기에 신에게 감사를 하는 것이다. 검지Index finger는 길을 가리키기 때문에 신의 인도하심에 대한 기도다. 중지Middle finger는 가장 긴 손가락이기 때문에 대통령과 같은 나라의 권위자들에 대한 기도다. 약지Ring finger는 우리를 사랑하는 사

243

람을 위한 기도다. 소지 Little finger, pinky 는 곤경에 빠져 있는 사람을 위한 기도다.

　다른 식으로 다섯 손가락 기도법을 활용하는 사례를 설명하겠다. 앞의 방법과 비슷하면서도 다른 발상을 찾아볼 수 있을 것이다. 여기서는 엄지손가락이 멀리 있는 사람을 뜻한다. 영어에서는 엄지 Thumb 를 손가락 Finger 에 포함시키지 않을 때가 있고, 다른 손가락으로부터 멀리 떨어져 있기 때문에 멀리 있는 사람을 뜻한다. 검지는 가르치는 사람(교사), 치료하는 사람(의사)에 대한 기도, 중지는 대통령, 정치가와 같은 권력자를 위한 기도, 약지는 사랑하는 사람을 위한 기도, 소지는 병든 사람을 위한 기도, 손바닥은 나를 위한 기도를 가리킨다.

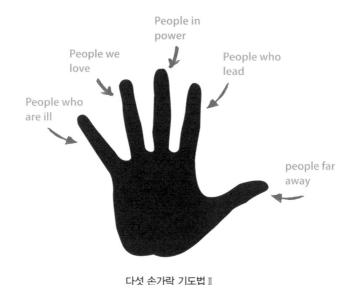

People in power

People we love

People who lead

People who are ill

people far away

다섯 손가락 기도법 Ⅱ

여기서 다섯 손가락 아이디어 발상법을 우리 정서에 맞춰보면 먼저 엄지는 핵심, 협력을 뜻한다. 엄지로 일등이나 가장 중요한 것을 표시하는 경우가 많기 때문에 핵심을 상징한다는 것은 이해하기 쉬울 것이다. 또한 다른 손가락의 동작을 가장 많이 도와주는 손가락이 엄지다. 엄지와 다른 손가락들이 협력하면 쉽게 원을 만들 수 있다. 어떤 일의 핵심가치가 무엇인지, 다른 사람이나 분야의 협력을 얻어내서 문제를 해결할 수 있는지 생각해서 아이디어를 떠올리는 것이다.

　검지는 영어과 마찬가지로 방향과 지시를 뜻한다. 분명한 목표와 방향감각이 모두 성공의 시작이다. 아이디어를 내기 위해서는 원하는 것을 분명하게 정하고, 그 방향에 집중하여 생각을 해야 한다. 다음으로 중지는 장점을 뜻한다. 어떻게 하면 현재 가지고 있는 장점을 더 강화시킬 수 있을 것인가를 생각하는 것이다. 약지는 제약요건이나 구속요건을 뜻한다. 결혼반지를 낀 상황에서는 다른 이성과 데이트하는 데 사회적, 정신적 제약이 있게 되는 것을 생각해서 기억할 수 있을 것이다. 마지막으로 소지는 가장 짧은 손가락이기 때문에 현재 가지고 있는 단점을 생각해 이를 어떻게 하면 없애거나 개선할 수 있을까 생각하는 것이다.

　참고로 홀라후프의 매출을 늘리기 위한 아이디어를 생각해내는 데 다섯 손가락 발상법을 시험삼아 적용해보자. 약지와 소지의 의미가 유사한 측면이 있음을 고려해 다른 발상을 하려고 노력하면 더 많은 아이디어가 생겨날 수 있다.

34

훌라후프 매출 증대 아이디어

손가락	의미	현황	발상
엄지	핵심, 협력	운동, 다이어트에 활용한다. 매출액이 정체되어 있다.	짐볼이나 요가매트 등 다른 운동기구와 함께 판매하는 방법을 생각한다.
검지	방향, 지시	크기가 일정하게 고정되어 있다.	가족용으로 묶어 팔거나 하나로 크기를 조절할 수 있는 제품을 만든다.
중지	장점	보관이 용이하다.	분리, 조립이 가능하게 만든다.
약지	제약, 구속	한 사람에 하나면 충분하다.	한 사람이 여러 개를 사도록 '훌라후프 한꺼번에 여러 개 돌리기 대회'를 연다.
소지	단점	가격이 싸서 매출액을 높이기 어렵다.	에어쿠션돌기, 음이온발생자석 부착 등 부가기능을 부착하여 가격을 높인다.

＊ <u>오감을 이용한 발상법</u>

이와 유사하게 다섯 가지 맛에서 아이디어를 얻어 단맛sweet은 애인sweetheart에서 희망이나 비전을, 짠맛salty은 자린고비에서 인색·절약을, 신맛sour은 이솝 우화 '여우와 신포도'에서 부러움을, 쓴맛bitter은 고통을, 감칠맛(umami, 일본의 이케다 키쿠나에는 미묘한 제5의 맛을 발견하여 우마미라고 했다)은 조미료에서 조력자·포장·화장 등을 생각하는 발상법을 활용할 수도 있다.

다섯 가지 감각인 오감을 이용한 발상법도 있다. 오감을 이용한 마케팅과 같이 제품을 개발하거나 광고를 할 때 사람의 오감을 자극하는 방법을 생각해내는 것도 아이디어를 쉽게 얻을 수 있는 방법 중 하나다. 한 가지 유형의 감각자극을 이용하여 다른 감각에 지각을 일으키는 공감각을 이용하는 방법이 작곡, 회화, 영화 제작, 문학작품 등에 많이 활용되고 있다. 국어시간에 시 등을 배울 때 시각의 청각화·후각화·미각화·촉각화와 청각의 시각화 등 공감각을 사용한 사례를 들어보았을 것이다.

✱ 다섯 단계로 아이디어 내기

마지막으로 다섯 손가락을 꼽아보며 아이디어를 내는 과정을 생각해 보자. 창의적인 생각을 하기 위해서는 어떤 과정이 필요하다. 창의적인 개인이나 회사마다 자기에게 적합한 과정 Process을 만들어 놓고 새로운 혁신이 필요할 때 그 과정을 통해 아이디어를 얻는다. 구글벤처스의 ①이해 - ②일탈 - ③결정 - ④프로토타입 - ⑤검증의 다섯 단계 등 여러 회사의 아이디어 창출 과정이 있으나, 착안점이 같고 서로 유사하기 때문에 여기서는 아이데오 IDEO와 디자인 짐 Design Gym의 사례만 살펴보자.

　세계적인 디자인 이노베이션 기업인 아이데오의 다섯 단계 혁신 방법은 몇 가지 버전이 있지만 ①이해, ②관찰, ③시각화, ④평가 및 개량, ⑤실행의 다섯 단계로 되어 있다. 먼저, 이해단계에서는 시장, 고객, 기술, 문제에 관해 인식된 제약조건 등을 이해하는 것이다. 문제를 풀기 위해서는 우리가 무엇을 알고 있는지에서 출발하는 것이 기본이다. 두 번째 관찰단계는 실생활에서 실제 사람들이 무엇을 어려워하는지, 무엇을 좋아하고 싫어하는지, 숨겨져 있는 요구는 무엇인지를 잘 관찰하는 단계다. '왜?'라는 질문이 동반된 주의 깊은 관찰에서 인간에

아이디어 발전의 5단계

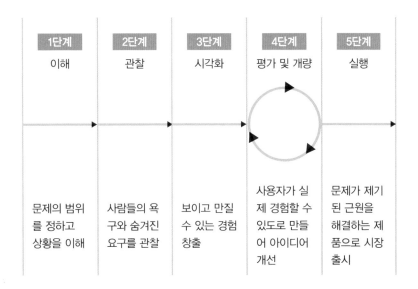

대한 깊은 이해가 나오고, 제품이나 서비스를 개선하기 위한 아이디어가 생긴다. 세 번째 시각화단계는 60분 정도의 브레인스토밍이나 역할극, 스토리보드, 캐드CAD 등을 이용해 아이디어를 눈에 보이도록 만드는 것이다. 네 번째 평가 및 개량 단계는 아이디어를 프로토타입으로 만들고, 여러 번 실패를 반복하며 발전시켜 나가는 단계이다. 마지막 실행단계는 상업화하여 시장에 출시하는 단계다.

창의성과 혁신에 관해 가르치는 회사인 디자인 짐Design aym은 다섯 단계의 과정으로 ①조사, ②이해, ③상상, ④실험, ⑤추출의 다섯 단계로 인간 중심의 디자인 과정을 정리하고 있다. 첫 조사 단계는 사용자 스토리를 수집하고, 원시 데이터를 수집하는 단계이다. 이해 단계는

디자인 짐의 다섯 단계 아이디어 창출 과정

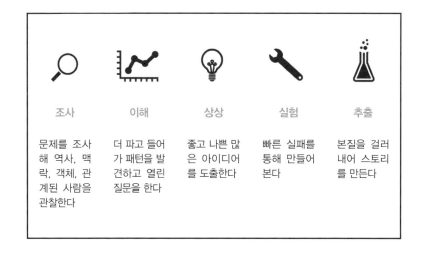

조사	이해	상상	실험	추출
문제를 조사해 역사, 맥락, 객체, 관계된 사람을 관찰한다	더 파고 들어가 패턴을 발견하고 열린 질문을 한다	좋고 나쁜 많은 아이디어를 도출한다	빠른 실패를 통해 만들어 본다	본질을 걸러내어 스토리를 만든다

3午

통찰력을 얻기 위해, 수집한 정보의 의미를 확인하는 단계다. 상상 단계는 요구를 충족시키거나 이전 단계에서 얻은 통찰력으로 기회를 창출할 수 있는 아이디어를 브레인스토밍하고, 하나를 골라 다음의 실험 단계로 넘길 수 있도록 다듬는 단계다. 실험 단계는 아이디어를 바람직한 기능 및 실현 가능한 솔루션으로 구체화하여 프로토타입을 만드는 단계다. 마지막 추출 단계는 앞에서의 해결책을 분명하게 하고 실제화하는 단계다.

 '5'를 이용한 아이디어 발상법 : 다섯 손가락

다섯 손가락 활용법

오감(五感)을 이용한 발상법

다섯 단계로 아이디어 내기

6은
정육면체

숫자 '6'은 6으로 상징되는 여섯 가지를 생각하고 그 개념에 맞춰 아이디어를 떠올리는 발상법을 소개한다.

6의 연상법

닌텐도를 **네트워크로 연결**하여 놀던 **여섯 꼬마(6시그마)**가 **식스 플래그스** 놀이공원에 가서 **다윗의 별**을 타고 **큐브**를 맞추며 우주 여행을 떠난다.

✳ 여섯 단계 분리 법칙 : 연결

'여섯 단계 분리 법칙 Six degrees of separation'은 라디오의 발명가인 마르코니가 세상의 모든 사람들은 여섯 명만 건너면 서로 안다고 주장한 것에서 나온 것으로, 1967년 하버드대학의 심리학자 스탠리 밀그램이 실험으로 확인했다. 이 법칙은 만약 한 사람이 다른 사람을 직접 알 때 1단계 떨어져 있다고 하면(1촌 관계) 아래 그림의 A에서 B가 연결된 것처럼 전 세계의 대부분의 사람이 6단계로 연결될 수 있다(6촌 관계)고 주장하며 사람들의 네트워크나 거미줄Human Web을 언급한 것이다.

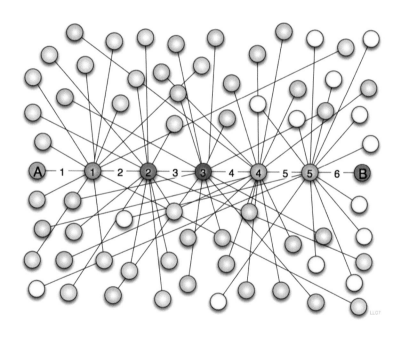

여섯 단계 분리법칙

전 세계의 대부분의 사람이 6단계로 연결될 수 있다.

이것을 이용한 발상법은 연결고리가 전혀 없다고 생각하는 멀리 떨어진 문제를 현재 생각하고 있는 문제와 연결 지으려고 시도하라는 것이다. 예를 들어 특정 도서에 대한 시장 확대방안과 도서관은 쉽게 연결되지만 수영장과 연결시키는 것은 어려워 보인다. 하지만 아이들이 수영강습을 받는 동안 기다리면서 무료한 시간을 보내는 부모를 생각하면 연결고리를 찾을 수 있다. 이런 방식으로 접근하면 어떤 문제든지 인터넷, 스마트폰, 환경, 복지 등과 연결시켜 발전시킬 수 있다.

✳ 식스 시그마 : 정밀성

'식스 시그마Six Sigma'는 미국의 모토롤라Motorola에서 사업관리 전략으로 개발된 것을 책 웰치가 GE에 도입함으로써 유명해졌다. 식스 시스마의 유용성에 대한 논란이 있지만, 이 기법은

식스 시그마

많은 분야에 활용되고 있다. 시그마는 통계학에서 표준편차를 일컫는 용어로 6σ는 물건 100만 개 중 불량품을 3~4개 이하가 되도록 품질을 관리하겠다는 것이다.

34

창의적인 발상과 관련해서는 한마디로 '불량률 0'에 도전하겠다는 생각으로 다듬어지지 않은 아이디어를 치밀하고 정교하게 발전시키는 것을 뜻한다. 통계적인 방법, 조직 내외 전문가 활용 등 다양한 방법으로 비용 절감, 이익 확대, 시간 절약, 안전도 향상, 배달 속도 향상 등 다양한 목표를 추구하는 것을 포함한다. 프로세스 중심, 고객 중심, 통계적 판단 중심, 데이터 중심의 철학을 바탕으로 문제를 바라보고, 아이디어를 내는 것이다. 또 아이디어를 한 번 생각해낸 것으로 끝이 아니라 계속해서 그것을 발전시켜야 실행력이 있는 대안이 되게 된다.

✱ 식스 플래그스 : 놀이와 유머

식스 플래그스Six Flags는 서울랜드나 에버랜드와 같은 놀이공원의 대명사로 입장객 수로는 세계 5위지만 가장 많은 놀이공원 수를 가지고 있는 회사다. 텍사스에서 출발한 이 놀이공원은 미국 여러 곳에서 찾아볼 수 있다.

식스 플래그스 로고

이 식스 플래그스는 놀이와 유머를 생각해서 다른 사람에게 즐거움과 웃음을 줄 수 있는 아이디어를 생각하는 것이다. 매출을 늘리는 방법을 찾을 때에도 어떻게 하면 고객들에게 즐거움과 웃음을 주면서 매출을 증대시킬 수 있을까 생각해보는 방식이다. 대형 음식점이나 쇼핑센터에서 아이들과 함께 오는 고객들에게 아이들을 맡길 수 있는 놀이방을 제공하는 것이나 홈쇼핑업체들이 홈쇼핑 방송에 스토리텔링과 오락적 요소를 가미한 쇼퍼테인먼트(쇼핑+엔터테인먼트)를 활용하는 것도 하나의 사례로 생각할 수 있다. 공부를 가르치거나, 공부를 할 때에도 어떻게 하면 즐겁게 할 수 있을까 생각해보면 창의적인 발상이 나올 수 있다.

✳ 다윗의 별 : 핵심 찾기와 경쟁자의 자원 이용

다윗의 별

위 그림은 6개의 뿔을 가진 '다윗의 별'이다. 이 다윗의 별의 주인공 다윗은 목동에서 이스라엘의 왕이 된 사람으로 시인이자 음악가였으며 골리앗을 죽인 소년으로도 유명하다. '다윗과 골리앗'에 관한 이야기를 보면 갑옷도, 칼도 없던 다윗이 어떻게 갑옷으로 무장하고 창과 단창을 가지고 있던 골리앗을 이겼는지 보여준다. 디윗은 물매와 돌 다섯 개를 가지고 골리앗에 맞서서 돌 하나를 던져 골리앗의 이마를 맞춰 쓰러뜨린 후 골리앗의 칼을 집어 들어 골리앗의 목을 자른다.

주어진 여건 하에서 핵심에 집중하여 문제해결 방안을 찾고, 경쟁 상대의 자원을 활용하여 승리하는 방안을 찾는 것이다. 씨름에서 상대 방보다 월등하게 힘이 좋으면 쉽게 승리하겠지만 그렇지 않다면 상대 방의 힘을 이용하여 중심을 무너뜨려 이기는 방법을 사용하기도 한다. 시장개척을 위해서 경쟁기업의 광고를 이용하여 업혀가는 전략을 활 용할 수도 있다. 경쟁업체가 대대적으로 광고를 하면 같은 종류의 제 품에 대해서 더 많은 사람들이 알게 되므로 이것을 잘 이용하면 자기 돈을 들이지 않고도 광고를 하는 효과를 가질 수 있게 된다. 과거 떠먹 는 요구르트나 캡슐형 요구르트가 우리나라 시장에 출시되어 확대되 어나갈 때 시장의 추종기업들은 선도기업의 광고를 이용하여 어부지 리를 얻기도 했다.

✱ 매직 큐브 : 알고리즘

1974년 헝가리의 조각가 루빅에 의해 발명 된 매직 큐브Rubik's Cube는 퍼즐을 풀기 위해 알 고리즘을 사용하는 것을 의미한다. 먼저 한 면 을 맞출 때 다음 면을 고려하여 둘레의 조각들 을 맞추어야 한다. 다음으로 한 면을 먼저 맞추고 다른 면을 맞출 때는 이미 맞춰 있는 면을 흩뜨리지 않아야 하기 때문에 정확한 알고리즘에 따라서 움직여야 한다. 프로그램을 짤 때 절차를 하나씩 점검하고 바둑에서 몇 수 앞을 내다보면서 두는 것처럼 아이디어를 낼 때도 몇 수 앞을 내다보아야하고, 잘 해결된 부분을 다시 무너뜨리지 않도록 해야 한다.

큐브의 여섯 면을 상상하여 각 면에 임무를 주어놓고 주어진 임무를 처리하는 발상법도 있다. 첫 번째 면에는 해결하고자 하는 문제를 기술하라. 두 번째 면에는 문제를 다른 것들과 비교하라. 세 번째 면에는 문제를 다른 것에 연관시켜라. 네 번째 면에는 문제를 분석하라. 다섯 번째 면에는 문제를 다른 것에 적용하라. 여섯 번째 면에는 문제에 대해 반대하거나 찬성하는 논지를 펴라. 큐브의 여섯 면을 따라서 문제를 접근하며 해결하고 새로운 아이디어를 발견할 수 있다.

* 우주(코스모스) : 변화

마지막으로 '6'은 우주를 상징한다. 정철의 《관동별곡》에서 정철은 총석정에서 바라본 동해 바다 가운데 네 돌기둥의 모양이 육면 석주(六面石柱) 같다고 묘사하고 있는데 이 육면 석주가 우주를 상징한다. 서양에서도 육방six cardinal directions: north, south, east, west, up, and down은 우주를 상징한다.

金금闌난窟굴 도라 드러 叢총石셕亭뎡 올라ᄒᆞ니,

白빅玉옥樓누 남은 기동 다만 네히 셔 잇고야.

工공倕슈의 셩녕인가 鬼귀斧부로 다ᄃᆞᆷ던가.

구ᄐᆞ야 六뉵面면은 므어슬 象샹톳던고.

*금란굴 돌아들어 총석정에 올라가니,

백옥루(옥황상제의 거처)의 남은 기둥 네 개만 서 있구나.

공수(옛날 중국의 명장)가 만든 작품인가? 귀신의 도끼로 다듬었는가?

구태여, 육면으로 된 돌기둥은 무엇을 본떴는가?

　　우주에서는 변화를 생각하고, 이를 고려하여 아이디어를 생각해내는 것이다. 우주에 있는 모든 것이 변화한다. 영원할 것 같은 다이아몬드도 시간이 지나면 변하기 마련이다. 아이디어를 생각할 때 남들이 변하지 않는 상수(常數)로 취급하는 환경도 변화할 수 있다는 점을 고려하여 아이디어를 내는 것이 필요하다. 여기에서 더 큰 창의성이 나온다.

'6'을 이용한 아이디어 발상법 : 정육면체

여섯 단계 분리 법칙 : 연결

식스 시그마 : 정밀성

식스 플래그스 : 놀이와 유머

다윗의 별 : 핵심 찾기와 경쟁자의 자원 이용

매직 큐브 : 알고리즘

우주(코스모스) : 변화

3부

7은
오버 더 레인보우

영화 〈오즈의 마법사〉의 주제가 '오버 더 레인보우*Over the Rainbow*'를 기억하는가? "Some where over the rainbow way up high, there is a land that I heard of once in a lullaby."

꿈꾸는 나라, 상상 속의 나라에 가기 위한 방법을 생각해보자.

7의 연상법

무지개와 일곱 개의 색깔, **일주일** 그리고 일곱 개의 앞글자를 딴 **스캠퍼***SCAMPER* **발상법**

'7'은 무지개를 통해 색깔을 생각하게 하고, 일주일의 요일(일,월,화, 수,목,금,토)을 뜻하기도 한다. 순결, 절제, 선행, 근면, 친절, 인내, 겸손의 7가지 미덕이나 정욕, 탐식, 탐욕, 나태, 분노, 시기, 교만의 7가지 치명 적인 죄를 생각나게 하기도 한다.

✱ 색깔 발상법

'빨, 주, 노, 초, 파, 남, 보'의 일곱 가지 다른 색이 모여 아름다운 풍경을 만드는 무지개는 '다름'과 '통합'을 나타낸다. 색깔이 사람의 마음이나 신경에 미치는 영향을 기업의 상품 전략이나 광고 등에 많이 이용하고 있지만, 이를 아이디어 발상에 이용한 대표적인 학자가 드 보노다. 드 보노는 개인과 집단의 아이디어 창출법으로 '여섯 색깔 생각의 모자'를 제시하고 있다. 회의에 참석한 사람들이 같은 색깔의 모자를 쓰고 그 모자에 해당하는 생각을 하며 아이디어를 함께 나누는 방법을 개인에게도 적용하여, 머릿속으로 여섯 색깔의 모자를 돌려쓰면서 그 색깔에 자신을 동화시켜 그 색깔에 해당하는 생각을 하면서 아이디어를 내는 방법이다.

하얀 모자는 하얀 종이에 정보를 기록하는 것과 같이 사실 사고를 하는 모자다. 빨간 모자는 불과 따스함에서 나타나는 바와 같이 감정적인 사고를 위한 모자다. 노란 모자는 햇빛에서 나오는 낙관주의, 논리에 바탕을 두고 실현 가능성을 찾는 모자다. 초록 모자는 식물과 자연으로부터 창의적 대안을 찾는 모자다. 파란 모자는 파란 하늘, 전망대로부터의 사고과정을 관리하는 모자다. 검은 모자는 검은 법복을 입은 판사가 주는 주의나 경고와 같은 비판적 판단을 위한 모자다.

이와 비슷하게 미칼코는 아이디어를 내는 방법으로 무지개 색깔 목욕을 제시하고 있다. 그의 색깔 목욕에서 빨간색은 흥분시키고, 주황색은 따뜻하고 즐겁고 감정적이며, 노란색은 다정다감하고 힘을 북돋아주며, 초록색은 화해 · 조화 · 동정을 나타내고, 파란색은 편안하고 안정적이다. 남색은 창의성을 나타내고 보라색은 근본적인 영감을 가져다준다.

드 보노와 미칼코의 색깔을 이용한 방법을 결합하면 무지개의 일곱 색깔과 이 일곱 색깔을 섞었을 때 나오는 흰색(빛의 혼합)과 검정색(물감의 혼합)의 아홉 가지 색깔 발상법이 나온다.

색깔	의미
빨간색	흥분 감정(직관, 느낌)
주황색	즐거움(재미, 유머)
노란색	논리적 긍정(가치 찾기)
초록색	화해와 조화(자연)
파란색	지휘자 또는 관리자(문제 정의)
남색	창의성(아이디어)
보라색	근본적인 영감(꿈, 신비)
하얀색	사실 사고(객관적 정보 공유)
검정색	논리적 부정(비판, 신중, 조심)

예를 들어 주황색을 생각해서 재미를 더한 발상을 보자. 더펀씨어리닷컴 Thefuntheory.com에는 계단, 안전벨트, 빈병수거통과 같은 것에 재미

를 더해 피아노계단을 만들고, 안전벨트를 매면 자동차 엔터테인먼트 시스템을 이용할 수 있도록 만들거나, 빈병을 집어넣으면 점수를 주는 아케이드 게임기로 만드는 사례 등이 나온다. 자연환경을 지키자는 초록색의 발상도 할 수 있다. 냉난방에너지절감 등을 위해 건물 옥상에 정원을 설치할 수도 있고, 환경을 생각해 아끼는 마음이 들도록 종이 타월분배기 dispemser나 정수기, 수도꼭지, 변기 등을 디자인할 수도 있다.

이승환 회장은 2009년 5월 홈플러스 창립 10주년을 맞이하여 '홈플러스 옐로우 데이', '홈플러스 레드 어워즈' 등 컬러 마케팅을 통해 매출을 늘린 사례를 말하고 있다. 최근에는 백화점이나 할인마트의 식품코너에서도 색깔 마케팅을 찾아볼 수 있다.

✱ 스캠퍼(SCAMPER) 발상법

오스본에 의해 제안된 체크리스트 질문들을 밥 에버럴이 7개의 두 문자를 따서 스캠퍼 SCAMPER 발상법을 만들었다. 어떤 문제에 대해 대체 Substitute할 무엇이 있는가? 이것들을 조합 Combine하면 무엇이 나오는가? 어떤 부분을 조절 Adapt할 수 있는가? 이것을 수정 Modify하거나 확대 Magnify 또는 축소 Minify할 수는 없는가? 이것을 다른 용도로 Put to other uses 사용할 수 있는가? 제거 Eliminate할 부분은 없는지? 순서를 뒤집거나 Reverse 재배열 Rearrange하면 어떤 효과가 있을까? 이런 일곱 가지 질문을

263

통해서 아이디어를 생각해내는 것이다.

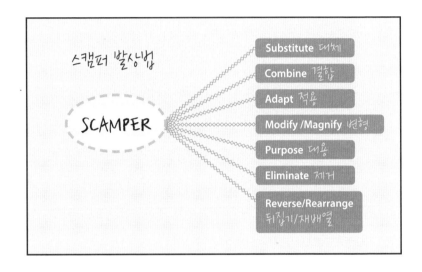

S	대체 (Substitute)	[의미] 제품이나 공정의 일부를 대체할 것 찾기
		[발상] 개선을 위해 무엇을 바꿀 수 있을까? 어떻게 사람, 시간, 장소, 물건을 대체할 수 있을까?
		[사례] 봉화나 수신호를 모스부호로 대체 냉장고 냉매를 암모니아에서 프레온 가스로 대체(1987 년 몬트리올 의정서 채택 이전)
C	결합 (Combine)	[의미] 제품이나 공정을 개발하거나 시너지를 높이기 위 해 두 개 이상의 부분을 결합
		[발상] 어떤 물질, 특성, 과정, 제품, 부품을 결합할 수 있 을까?
		[사례] 복합기, 바퀴신발, 알람겸용 시계 등

A	적용 (Adapt)	[의미] 문제를 풀기 위해 제품·공정의 어떤 부분을 조절하거나 제품·공정의 본질을 변화
		[발상] 제품을 조건이나 목적에 맞도록 어떻게 조절할 수 있을까? 부품의 특성을 바꾸면?
		[사례] 라이프 세이버스 등
M	변형 (Modify / Magnify / Minify)	[의미] 현 상황이나 제품·공정의 일부나 전체를 바꾸거나 일상적이지 않은 방법으로 변형
		[발상] 구성품의 특징을 과장하거나 왜곡하면 어떻게 될까? 공정을 다른 방법으로 바꾸면? 크게, 강하게, 두껍게 하면? 작게, 가볍게, 얇게 하면?
		[사례] 배면뛰기, 타임캡슐 등
P	대용 (Put to other uses)	[의미] 현 해결책, 제품·공정을 다른 목적, 시장에 사용하거나 다른 분야에 있는 것을 현 문제해결을 위해 사용
		[발상] 이 제품을 어떤 다른 용도에 사용할 수 있을까? 이 제품을 팔 다른 시장은 없는가?
		[사례] 인체용 약을 동물용으로 판매
E	제거 (Eliminate)	[의미] 제품·공정의 일부분을 제거하여 문제해결
		[발상] 제품·공정의 일부분을 제거하면 어떻게 될까?
		[사례] 선을 제거 : 무선 전화기, 무선 마우스

3부

R	뒤집기/ 재배열 (Reverse/ Rearrange)	[의미] 문제나 제품·공정을 거꾸로 동작시키거나 순서를 바꾸어 아이디어를 창출 문제를 다른 각도에서 바라보아 아이디어 창출
		[발상] 다른 방법으로 이 문제를 풀 수는 없을까? 순서를 바꾸면 어떻게 될까?
		[사례] 역모기지, 정크본드

일주일에 해당하는 한문(日, 月, 火, 水, 木, 金, 土)을 생각하여 아이디어를 떠올리는 방법도 있다. 7가지 미덕을 고려하여 공익 캠페인을 벌이거나, 7가지 치명적인 죄를 고려하여 시기심을 자극하는 마케팅, 분노를 자극하는 마케팅 전략을 사용하는 방법도 가능할 것이다.

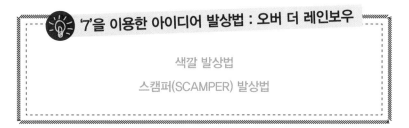

'7'을 이용한 아이디어 발상법 : 오버 더 레인보우

색깔 발상법

스캠퍼(SCAMPER) 발상법

8은 무한대 ✦

좋은 아이디어를 찾는
가장 좋은 방법은
많은 아이디어를
갖는 것이다.

라이너스 폴링 *Linus Pauling*

'8'을 90도 회전시키면 무한대를 표시하는 '∞'가 된다. 우리의 창의력은 무한대로 확대시킬 수 있고, 제3부에서 말하고 있는 테크닉을 숫자에 맞춰 9, 10, 11 등으로 계속 확대할 수 있다는 차원에서 마지막 장을 '8'로 하고 멈추려 한다.

무한대(∞)로 **사고를 확산**시키면 **무의식**이 된다.

∗ 사고를 확산시켜라

제2부에서 말한 창의력 기초체력 다지기 방법을 활용하면 사고를 확장시킬 수 있다. 또 제3부에서 제시하고 있는 테크닉을 통해서도 단기간에 사고 확산 훈련을 할 수 있다. 우젠광은 사고 확산 훈련을 하기 위해서 먼저 '확산점'을 찾아야 한다고 말하고, 그 확산점으로 자료, 기능, 구조, 형태, 조합, 방법, 인과관계, 관련성 등의 8개 요소를 제시하고 있다. 여러분은 지금까지 제시된 창의력 키우기 테크닉들이 이러한 확산점을 포함하고 있음을 알 수 있을 것이다.

김광규 · 백금남에 따르면 면도용 머그잔과 관련하여 출원된 특허가 94건이나 되며, 가시철사 철조망도 형태나 성분 등을 바꾸어 출원된 특허가 1,200건이나 된다고 한다. 우리나라에서도 김치냉장고와 관련된 특허만 해도 수백 개가 된다. 한계를 인정하지 않고, 사고를 확산시키는 사람에게는 불가능이란 없다. 단지 시간이 필요할 따름이다.

✻ 무의식이 작동하게 하라

바그에 의하면 의식은 1초에 40개의 정보를 처리하지만 무의식은 1,100만 개의 정보를 처리할 수 있다고 한다. 따라서 무의식이 작동하게 하는 것은 문제를 풀거나 새로운 발상을 하게 하는 아주 중요한 수단이 될 수 있다. 와이즈먼은 창의적인 아이디어를 내기 위해서는 먼저 마음이 문제해결에 신경을 쓰도록 한 뒤, 두뇌에 맡겨두고 다른 일을 하면서 시간을 보내라고 충고하고 있다.

과학사를 보면 잠을 자면서 또는 졸다가 어떤 영감을 얻어 훌륭한 발명을 해냈다는 과학자들이 많다. "어떤 문제에 대해 좀 더 생각해보자"를 영어로 "Let's sleep on it"이라고 하는 것도 생각과 잠과의 관계를 잘 보여주고 있는 것 같다. 황농문은 특히 몰입에서 선잠의 중요성을 강조하고 있다. 정치가, 군인, 기업가들은 일을 하기 위해서 잠잘 시간이 없다고 한다. 나폴레옹은 3시간밖에 자지 않았다고 한다. 그러나 창의적인 사람은 보통 잠자는 시간이 긴 편이며 잠자는 시간을 줄이면 창의성이 떨어진다고 한다. 아인슈타인은 10시간 이상을 자면서 상대성이론을 완성했다.

독일의 화학자 아우구스트 케쿨레는 난로에서 타는 불꽃들이 원을 그리는 것을 보면서 잠이 들었는데, 꿈에 꼬리에 꼬리를 무는 원을 그리는 여섯 마리의 뱀을 보고 여섯 개의 탄소로 이루어진 벤젠고리 구조를 생각해냈다.

3부

1619년 11월 10일~11일, 밤새 세 가지 강력한 꿈을 꾸고 깨어난 데카르트는 그 유명한 꿈의 일기를 썼다. 그는 과학의 탐구가 참지혜를 찾는 일이고, 그것이 자기 일의 중심이 될 것이라는 결론을 내렸다. 현대의 과학적 체계는 대부분 "나는 생각한다. 고로 존재한다 Cogieo ergo sum."라는 근대 철학의 아버지 데카르트의 꿈에서 출발했다.

러시아 화학자인 드미트리 멘델레예프는 1869년 3월 1일 자다가 원소의 주기율표 The Periodic Table of Elememes에 관한 꿈을 꾸고, 화학의 가장 기본이 되는 주기율표를 만들었다.

이중나선 Double Helix 이라는 DNA 분자구조를 발견하여 1962년 노벨 생리학상을 수상한 제임스 왓슨도 꿈에 두 마리 뱀이 서로 꼬아져 있는 꿈을 꾸었다고 한다.

어떤 아이디어를 떠올리거나 공부를 할 때 의식적으로 무의식이 작동하도록 할 필요가 있다. 어떤 생각을 하다가 막히거나 공부를 하다가 싫증이 나면, 다른 일을 시작하거나 다른 과목을 공부함으로써 머리의 피로도 풀고 무의식이 여러분을 괴롭히는 문제를 풀도록 만드는 것이다. 다른 과목을 공부하거나 다른 감각을 이용하면, 뇌를 계속 사용하더라도 같은 부위를 집중적으로 사용하는 것이 아니기 때문에 효율이 높아질 수 있다.

다음 몇 장의 여백에 여러분들 나름의 발상법을 숫자에 맞춰 만들어보라. 예를 들어 9는 야구선수를 생각하여 9개의 수비 포지션이나 타순을 생각하는 방법으로, 10은 원, 10진법, 10계명 등을 적용하는 방법으로 등등 자신만의 발상법을 생각해낼 수 있을 것이다.

 '8'을 이용한 아이디어 발상법 : 무한대(infinity)를 넘어서서

사고를 확산시켜라

무의식이 작동하게 하라

3부

9는 ✦

10 오☆

273

✹11음

내일 죽음이 와서 삶이 끝나는 것처럼 살아라.
그리고 영원히 살 것처럼 배움에 임하라.

_ 마하트마 간디(*Mahatma Gandhi*)

〈포춘〉지 선정 '새로운 세기의 비즈니스 리더' 에린 바인하커는 "모방은 가장 진심 어린 칭찬이다"라고 했다. 우리가 어떤 사람을 닮아가려고 하는 것이 그 사람을 진실로 존경하고, 칭찬하는 방법이라고 생각한 것이다. 또 다른 측면에서는 칭찬할 만한 사람, 배울 만한 사람을 선정해 그 사람들을 베껴서 닮아가라는 의미도 담고 있다.

과학적 방법을 위해서는 먼저 다른 과학자들의 실험실을 들여다보고, 스스로 실험을 한 후 이성적으로 판단해보는 3단계 과정을 거친다고 한다. 창의력을 기르기 위해서도 창의성 높은 사람들의 방법을 보고, 그 방법을 따라 경험해본 후 자신에게 맞는 방법을 이성적으로 찾아가는 것이 필요하다. 이 책에는 대가들의 많은 사례와 창의력을 키우기 위한 방법들이 들어 있다. 대가들의 사고방식을 배우고, 이 책에 제시된 창의력을 키우는 방법을 모방하여 자기 것으로 만드는 것이 그 사람들과 이 책을 진심으로 칭찬하는 것이다. 무조건적이 아니라 의식적으로 철저하게 준비하여 모방을 할 때 여러분의 창의력은 지금보다

10배, 100배 이상으로 커질 수 있다.

하나의 생각이 절대적이라는 생각을 버리자. "만물은 변화 속에 머문다"라는 헤라클레이토스의 말처럼 이 세상 모든 것은 끊임없이 변화한다. 변하지 않는 것은 변화한다는 사실뿐이고 변화 역시 일정한 비율과 방향으로 끊임없이 변화한다. 여기에서 배운 테크닉이 절대적이지도 않고, 전부도 아니다. 여러분들은 얼마든지 자신에게 더 적합한 방법을 개발해낼 수 있다.

지능연구의 대가 로버트 스턴버그는 자기가 문제에 직면했을 때 어떻게 접근해 해결했는가를 점검하여 자신의 문제 접근 방법과 그에 따른 결과를 피드백시킴으로써 추후 문제해결에 응용하는 '자기 모니터링'이 창의적 문제해결 과정에 필수적이라고 했다. 이는 창의력을 키우는 데에서도 마찬가지다. 어떤 방식이 자기에게 맞는지 지속적으로 모니터링하고 피드백시켜 창의력을 키워나갈 수 있다.

여러분들은 이제 상상력의 한계를 부수는 헤라클레이토스의 망치로 우리 마음속에 있는 제약을 깨뜨리고, 자기 안에 잠자고 있는 창의력을 깨워 다 빈치에 버금가는 창의성의 대가로 성장해나가기를 바란다. 헤라클레이토스는 "원에서 끝은 곧 시작이다"라고 했다. 이 책을 다 읽은 지금이 끝이 아니라 바로 시작이다. 이제 창의력 키우기를 시작하라.

● 참고문헌

게르트 기거렌처, 《생각이 직관에 묻다》, 추수밭, 2008

고인석 외, 《지식의 이중주》, 해나름, 2009

구본준 · 김미영, 《서른살 직장인, 책읽기를 배우다》, 위즈덤하우스, 2009

구츠와다 다카후미, 《73인의 유쾌한 역발상》, 모색, 2005

기노시타 요리코, 《설득시키는 마법의 색》, 지상사, 2006

김광규 · 백금남, 《창조형 인간의 아이디어 발전소》, 영진닷컴, 2004

김광웅 외, 《우리는 미래에 무엇을 공부할 것인가》, 생각의나무, 2009

김효준 · 정진하 · 권정휘, 《생각의 창의성 TRIZ》, 지혜, 2004

대니얼 코일, 《탤런트 코드-재능을 지배하는 세 가지 법칙》, 웅진지식하우스, 2009

댄 애리얼리, 《상식 밖의 경제학》, 청림출판, 2008

데이브 앨런 외, 《혁신의 기술》, 평단문화사, 2008

데이비드 워시, 《지식경제학 미스터리》, 김영사, 2008

로버트 루트번스타인 · 미셸 루트번스타인, 《생각의 탄생》, 에코의서재, 2007

로버트 짐러, 《파라독스 이솝 우화》, 정신세계사, 1991

로버트 프랭크, 《이코노믹 씽킹》, 웅진지식하우스, 2007

로버트 플랭크 · 필립 쿡, 《승자독식사회》, 웅진지식하우스, 2008

로저 본 외흐, 《상상력의 한계를 부수는 헤라클레이토스의 망치》, 북이십일, 2004

리처드 브랜슨, 《내가 상상하면 현실이 된다》, 리더스북, 2007

리처드 와이즈먼, 《59초》, 웅진지식하우스, 2009

리처드 와이즈먼, 《왜 나는 눈앞의 고릴라를 못 보았을까?》, 세종서적, 2005

마르코 마산, 《벌거숭이 아이처럼 생각하라》, 삼각형 프레스, 2004

마이클 J. 겔브, 《레오나르도 다 빈치처럼 생각하기》, 대산출판사, 1999

마이클 J. 겔브, 《위대한 생각의 발견》, 추수밭, 2007

마이클 미칼코, 《창의적 자유인》, 푸른솔, 2003

말콤 글래드웰, 《블링크》, 21세기북스, 2005

말콤 글래드웰,《아웃라이어》, 김영사, 2009

맥스웰 몰츠,《맥스웰 몰츠 성공의 법칙》, 비즈니스북스, 2003

미하이 칙센트미하이,《창의성의 즐거움》, 북로드, 2003

박상곤,《톰소여가 가르쳐 준 변화의 기술》, 미래와경영, 2009

빈스 에버르트,《네 이웃의 지식을 탐하라》, 웅진씽크빅, 2009

빌 브라이슨,《발칙한 영어 산책》, 살림, 2009

사이토 다카시,《독서력 : 우리는 무엇을, 어떻게, 왜 읽어야 하는가》, 웅진지식하우스, 2009

샌드라 아모트 · 샘 왕,《똑똑한 뇌 사용설명서》, 살림Biz, 2009

세스 고든 · 톰 피터스 · 말콤 글래드웰 외 30인,《빅무》, 황금나침반, 2006

송숙희,《당신의 책을 가져라》, 국일미디어, 2007

스티븐 랜즈버그,《발칙한 경제학》, 웅진지식하우스, 2008

스펜서 존슨,《선택》, 청림출판, 2005

아인슈타인,《아인슈타인 명언》, 보누스, 2009

알랭 드 보통,《여행의 기술》, 이레, 2004

알베르토 올리베리오,《크리에이티브 웨이》, 황금가지, 2008

에드워드 드 보노,《드 보노의 창의력사전》, 21세기북스, 2004

에릭 바인하커,《부의 기원》, 랜덤하우스, 2007

옌스-우베 마이어,《EDISON 에디슨 법칙》, 옥당, 2009

오리 브라프먼 · 로드 백스트롬,《불가사리와 거미》, 리더스북, 2009

오마에 겐이치,《지식의 쇠퇴》, 말글빛냄, 2009

왕춘용,《왜 부패한 정치가가 잘 나갈까》, 영진미디어, 2009

외르크 마이덴바우어 편저,《놀랍다! 과학의 발견과 발명6》, 생각의 나무, 2006

우젠광,《다 빈치의 두뇌 사용법 : 인류 역사상 가장 위대한 천재》, 아라크네, 2006

윌리엄 더건,《제7의 감각 : 전략적 직관》, 비즈니스맵, 2008

유영만,《상상하여?창조하라!》, 위즈덤하우스, 2008

육인선 · 심유미 · 낭상이,《수학은 아름다워》, 동녘, 2002

이강래,《행정학강해》, 박문각, 1991

이강서,《서양 철학 이야기 15 고대-서양 철학의 탄생》, 책세상, 2006

이경모, 《사람의 마음을 사로잡는 프레젠테이션》, 원앤원북스, 2010

이남석, 《해결하는 힘》, 중앙북스, 2009

이승환, 《창조바이러스 H2C》, 랜덤하우스, 2009

이지훈, 《혼창통》, 샘앤파커스, 2010

이홍, 《창조습관》, 더숲, 2010

자카리 쇼어, 《생각의 함정》, 에코의서재, 2009

제프 앵거스, 《메이저리그 경영학》, 부키, 2009

존 메디나, 《브레인 룰스》, 프런티어, 2009

최병서, 《미술관에 간 경제학자》, 눈과마음, 2008

칼 세이건, 《코스모스》, 사이언스북스, 2004

켄 로빈슨, 《내 안의 창의력을 깨우는 일곱가지 법칙》, 한길아트, 2007

크리스토퍼 차브리스 · 대니얼 사이먼스, 《보이지 않는 고릴라》, 김영사, 2011

폴 매키니, 《질문을 디자인하라》, 한국경제신문사, 2013

폴 아덴, 《생각을 뒤집어라》, 김앤김북스, 2007

프랭크 로리스, 《IQ 업그레이드》, 문학사상, 2009

피터 드러커, 《프로페셔널의 조건》, 청림출판, 2001

피터 피츠사이먼스, 《인생의 작은 법칙들》, 프리윌, 2009

하상욱, 《서울 시》, 중앙북스, 2013

하세가와 가즈히로, 《최강 팀장 플러스알파 심리술》, 문학수첩, 2009

호소야 이사오, 《지두력》, 이레, 2009

황농문, 《몰입-인생을 바꾸는 자기 혁명》, 랜덤하우스, 2007

황인원, 《시에서 아이디어를 얻다》, 흐름출판, 2010

후지시(富士市), 《자기계발 77포인트》, 지방행정연구소 편역, 1994

leonardo01.jpg

다비드 상   http://www.thehistoryblog.com/archives/8533

세 마리 원숭이   http://tushar.in/blog/2009/02/the-three-monkeys/

라파엘로의 아테네 학당   http://www.newbanner.com/AboutPic/athena/raphael/nbi_ath4.html

다이두두 · 리톄즈 · 장안쥔의 '단테와 신곡을 논하다'

                                http://www.telegraph.co.uk/news/newstopics/howaboutthat/5001462/103-famous-faces-in-one-painting.html

파르테논 신전   http://britton.disted.camosun.bc.ca/goldslide/jbgoldslide.htm

BCG 매트릭스   http://commons.wikimedia.org/wiki/File:BCG_matrix.png

디자인 짐의 다섯 단계 아이디어 창출 과정

                                http://www.thedesigngym.com/, Design Thinking Mindsets and Skillsets.pdf

여섯 단계 분리법칙   http://en.wikipedia.org/wiki/file:Six_degrees_of_separation.svg

가우디 Antoni Gaudi

게리 스나이더 Gary Snyder

겐리히 알츠슐러 Genrich Altshuller

그레이엄 벨 Alexander Graham Bell

닐 포스트먼 Neil Postman

닐스 보어 Niels Henrik David Bohr

닐스 헨리크 아벨 Niels Henrik Abel

대니얼 코일 Daniel Coyle

대런 캐롤 Darren Carroll

대릴 자누크 Daryl Zanuk

드미트리 멘델레예프 Dmitrii Ivanovich
Mendeleev

딕 포스베리 Dick Fosbury

라이너스 폴링 Linus Carl Pauling

랄프 왈도 에머슨 Ralph Waldo Emerson

래리 페이지 Lawrence E. Page

랠프 네이더 Ralph Nader

렉켄도르퍼 Reckendorfer

로버트 루이스 스티븐슨 Robert Louis
Stevenson

로버트 밀리칸 Robert Millikan

로버트 브라우닝 Robert Browning

로버트 스턴버그 Robert Stenberg

로버트 짐러 Robert L. Zimler

로버트 프랭크 Robert H. Frank

로베르트 슈만 Robert Schumann

로저 본 외흐 Roser von Oech

로저 스페리 Roger W. Sperry

로텐버그 Rothenberg

루이 라무르 Louis L'Amour

르네 데카르트 Rene Descartes

리지 맥기 Ridge McGhee

리처드 와이즈먼 Richard Wiseman

리페르세이 Hans Lippershey

리프만 Hyman Lipman

링컨 스테펀스 Lincoln Steffens

마르셀 뒤샹 Marcel Duchamp

마르셀 프루스트 Marcel Proust

마르코 마산 Marco Marsan

마이클 겔브 Michael Gelb

마이클 밀켄 Michael Milken

마크 월튼 Mark S. Walton

말콤 글래드웰 Malcolm Gladwell

매들린 렝글 Madeleine L'Engle

맥스웰 몰츠 Maxwell Maltz

미스 반 데어 로에 Mes van der Rohe

미하이 칙센트미하이 Mihaly
Csikszentmihalyi

밀턴 프리드먼 Milton Friedman

밥 에버럴 Bob Eberle

벤 카우프만 Ben Kaufman

볼테르 Voltaire Francois Marie Arouet

브루넬레스키 Filipop Brunelleschi

브리너 Bryner

빈센트 반 고흐 Vincent van Gogh

사무엘 베케트 Samuel Barclay Beckett

샌드라 아모트 Sandra Aamodt

샘 왕 Sam Wang

세실 스프링거 Cecile M. Springer

섹스투스 율리우스 프론티누스
Sextus Julius Frontinus

스타니슬라브스키 Stanislavsky

스탠리 밀그램 Stanley Milgram

아르노 페터스 Arno Peters

아리스타르쿠스 Aristarchus

아사 캔들러 Asa Candler

아서 쾨슬러 Arthur Koestler

아우구스트 케쿨레 Friedrich August
Kekule

아이작 뉴턴 Sir Isaac Newton

아인슈타인 Einstein

안드레 케르테츠 Andre Kertesz

알렉스 오스본 Alex Osborn

알버트 허버트 Albert Herbert

알베르토 올리베리오 Alberto Oliverio

알베르트 스젠트 기요르기 Albert Szent-
Gyorgyi

알프레드 베게너 Alfred Wegener

알프레드 슬로안 Alfred Sloan

앤디 로 Andy Law

앤서니 골드블룸 Anthony Goldbloom

앨피어스 빙햄 Alpheus Bingham

얀시 스트릭클러 Yancey Strickler

에드워드 노블 Edward Noble

에드워드 드 보노 Edward de Bono

에드워드 윌슨 Edward O. Wilson

에드윈 랜드 Edwin Land

에라토스테네스 Eratosthenes

에릭 캔들 Eric Richard Kandel

에머리 디킨슨 Emily Dickinson

엘리자베스 퀴블러 로스 Elisabeth Kübler-
Ross

옌스-우베 마이어 Jens-Uwe Meyer

오귀스트 로댕 Auguste Rodin

오프라 윈프리 Oprah Gail Winfrey

왓슨 James Dewey Watson

요한 볼프강 괴테 Johann Wolfgang von
Goethe

워드 커닝햄 Ward Cunningham

워런 버핏 Warren Edward Buffett

윌리엄 골딩 William Golding

윌리엄 레일리 William J. Reilly

윌리엄 맥나잇 William McKnight

윌리엄 하비 William Harvey

이폴리토 니에보 Ippolito Nievo